Die Weine
der Rioja

FALKEN

Die Weine
der Rioja

Jürgen Mathäß

Die Weinlandschaft Rioja

Wie spanische Geschichte
und französische Einflüsse
die Rioja prägten.

Seite 8

Der Weg zum Rioja Ihrer Wünsche

Was die Weine der Rioja
so einzigartig macht
und wie die Wahl nicht zur
Qual wird.

Seite 18

Die Vielfalt der Rioja-Weine

Vom einfachen Joven
zum Gran Reserva,
über den Crianza zum
Weißwein.

Seite 34

Zurück zur Individualität

Rioja ist ein wunderbares Qualitätsweingebiet, aber ein Mosaik verschiedener Realitäten. Es gibt Dutzende von Subzonen, jede mit eigenen Charakteristika. Der homogene Riojatyp, der eine Zeit lang gesucht und angeboten wurde, ist ein Mythos. Dieser immer gleiche Rioja wurde für die Region beinahe zum Unglück, weil er vielen Weinen durch nivellierende Verschnitte von Herkünften und Jahrgängen die Individualität raubte. In dieser Zeit fehlte den Riojabodegas der Stachel im Fleisch. Oder sagen wir: es fehlte exzellente Konkurrenz, wie sie bald aus Ribera del Duero kam, um Rioja die Anreize zu geben, die es in den Jahren des problemlosen Absatzes verloren hatte.

Aber Rioja wachte auf. Heute kann man neben den guten Klassikern aus Bodegas, die immer Qualität hochgehalten hatten, großartige Riojas verkosten, die nach neuesten önologischen Kenntnissen erzeugt wurden. Sie strotzen von Farbe und schmecken ausgewogen, konzentriert, mit süßen, reifen Gerbstoffen.

Dass eine Weinregion auch saubere Alltagsweine produziert ist beinahe selbstverständlich. Dabei gibt es ebenfalls große Unterschiede, die Beachtung verdienen. Doch vergessen wir nicht: La Rioja ist auch eine Landschaft, mit verträumten Dörfern und glanzvoller Geschichte, in der gefeiert, gut gegessen und gut getrunken wird. Das vorliegende Bändchen von Jürgen Mathäß, der die Rioja seit vielen Jahren kennt, wird Ihnen helfen, dies alles zu entdecken – vor Ort ebenso wie zu Hause beim Einkauf.

Carlos Delgado, Chefredakteur von VINUM Spanien und Kolumnist der Madrider Tageszeitung «El País»

Die Weinlandschaft Rioja

Wer lange in der Welt des Weines herumgekommen ist und viele Gebiete bereist hat, macht eine interessante Erfahrung. Je besser er die Landschaft, die Menschen und ihre Geschichte und Gebräuche kennt, umso besser versteht er auch den Wein.

Man kann noch einen Schritt weiter gehen: der Wein ist Ausdruck dieser Kulturlandschaften und es scheint oft, als könne er nur genau so sein, weil eben Land und Leute so sind.

Dies ist keine romantische Sinnestäuschung. Dialekt und Ausdrucksweise, regionale Architektur, Essgewohnheiten oder Brauchtum sind ebenso abhängig von vielerlei örtlichen Gegebenheiten. Der Wein, entstanden aus klimatischen Bedingungen, landwirtschaftlicher Kultur und Lebensgewohnheiten ist eng verknüpft mit einzelnen, oft unbedeutend erscheinenden Besonderheiten, die zusammengenommen eine Landschaft prägen und ihr Charakter geben.

Was ein rechter Rioja ist, trägt das amtliche Siegel.

Spanien mit seiner wechselvollen Geschichte ist dafür ein besonders gutes Beispiel. An unzähligen Stellen haben Pilger, Eroberer und Besiegte ihre Spuren hinterlassen. Andalusien und Katalonien sind zwei Welten, die Rioja ein Schmelztiegel von Kulturen.

Unter den höchst abwechslungsreichen Landschaften Spaniens ist La Rioja, die Heimat der Rioja-Weine, eine der lieblichsten. Ein hügeliges Rebenparadies, verziert mit alten, sehenswerten Dörfern und einer grandiosen Bergkulisse im Hintergrund. Ein traditionsreiches, geschichtsträchtiges Land. Wie in den meisten Weinlandschaften siedeln hier Menschen, die gerne essen, trinken und feiern.

Am Wegkreuz vieler Kulturen

Pilger an einem Kreuz des berühmten Jakobsweg.

Der Ebro durchfließt das Land von Westen nach Osten. Einer seiner Nebenflüsse, der Rio Oja, gab der Landschaft den Namen. Atlantische Winde bringen genug Feuchtigkeit und Regen. Der Boden ist fruchtbar, das Meer nur 70 Kilometer entfernt und über die ehemals wildreichen «Montes Vascos», die baskischen Berge, leicht zu erreichen. Kein Wunder, dass dieses grüne, fruchtbare Land seit alters her besiedelt und umkämpft ist und bald Schnittpunkt zweier wichtiger Verbindungslinien wurde.

Seit dem frühen Mittelalter zieht sich der berühmte Pilgerweg nach Santiago de Compostella am Südrand der Pyrenäen entlang und kreuzt etwa dort, wo heute Logroño liegt, den Handelsweg vom Meer zum Ebro. Unzählige Pilger zogen den Weg nach Santiago, belebten die regionale Kultur und brachten angeblich sogar Weinreben aus nördlichen Ländern mit.

Als wirtschaftlicher und religiöser Treffpunkt erhielt die Region viele Impulse. Klöster und Burgen entstanden, die traumhaft schöne Landschaft kam zu Wohlstand. Der älteste spanisch geschriebene Text, ein Augustinus-Kommentar, entstand im 10. Jahrhundert im Kloster San Millan.

Die Bevölkerung hat im Laufe der Jahrhunderte vielen Herren gedient. Die Basken, ein uralter Volksstamm, dessen Sprache älter ist als alle bekannten europäischen Sprachen und mit keiner von diesen verwandt, haben die Region zeitweise in Besitz genommen. Im zweiten Jahrhundert vor Christus kamen die Römer. Ihnen folgten unter anderem germanische Westgoten, Mauren und die Könige von Asturien. Alle scheiterten jedoch auf Dauer am Widerstand der baskischen Bevölkerung, die bis heute ihre Eigenständigkeit erhalten

Rioja in der Urzeit

Frühe Bewohner des Landes am Ebro waren die Dinosaurier. Wichtige Fundorte in der Rioja sind Enciso (Hinweisschilder führen zu den 30 cm langen Fußspuren), Munilla und Cornago im Osten der Weinregion.

hat. Noch heute gehört der nördliche Teil des Weinanbaugebietes, die Rioja Alavesa, zur Provinz Baskenland.

Ab 1076 fiel die Region an das Königreich Kastilien, das seinen Besitz zeitweise an Navarra abgeben musste, bis die Provinz La Rioja ab dem 16. Jahrhundert endgültig zu Kastilien gehörte.

Zweimal kamen die Franzosen, einmal zu Beginn des 19. Jahrhunderts mit Napoleon als Besatzungsmacht. Etwa 50 Jahre später, als die Reblaus die Weinberge um Bordeaux verwüstete, zogen französische Weinbauern als Siedler über die Pyrenäen und brachten ihre Erfahrungen mit.

Alle Wege führen zur Brücke über den Fluss Agra in Puente la Reina, wo sie sich zum eigentlichen Jakobsweg vereinigen.

Dörfer und Städte

Weine der Rioja kann man in der ganzen Welt trinken. Die Atmosphäre der Region kann nur sinnlich erfahren, wer dort gewesen ist. Es lohnt sich, nicht nur Zeit für den Besuch einiger Bodegas einzuplanen, sondern auch die Landschaft zu genießen und durch Dörfer und Städte zu schlendern.

Die religiöse und politische Bedeutung der Rioja ist durch eine Vielzahl historischer Bauten dokumentiert. In Dörfern und Städten ist die Vergangenheit noch erstaunlich lebendig. Kulturerbe und Geschichte verbinden sich mit Weinbergen und lieblichen, grünen Hügeln zu einem abwechslungsreichen Reiseland.

Nicht umsonst stammt der Name Kastilien von den unzähligen Burgen, die das Land überzogen und gegen Eindringlinge schützen sollten. Die Burgen von Clavijo (seit 1931 nationales Baudenkmal), Sajazarra, Cuzcurrita oder Davalillo sind Zeugen des militärischen Teils der Vergangenheit. Klöster wie Santa Maria la Real bei Nájera, Vico bei Arnedo oder Suso und Yuso in San Millán de la Cogolla erinnern an die

Der Ort Laguardia in der Rioja Alavesa, bekannt durch die Bodegas Campillo und deren reinsortigen Tempranillo-Rioja.

religiöse Vergangenheit, vor allem an die Zeit des Pilgerweges nach Santiago.

Haro und Logroño besitzen historische Innenstädte, sehenswerte Kirchen und hübsche Plätze. Viele zauberhafte Dörfer schmücken die Landschaft und laden zu Spaziergängen ein. Laguardia mit seiner vollständig erhaltenen Stadtmauer, seiner mittelalterlichen Innenstadt und seiner in den Hügel gegrabenen Weinkeller sollte man gesehen haben. Die Gassen sind zum Teil so eng, dass kein Auto passieren kann. Funde aus dem nahe gelegenen prähistorischen Dorf La Hoya sind im örtlichen archäologischen Museum zu sehen.

Labastida besitzt ein schön restauriertes Tor und alte Straßenzeilen. Um Calahorra, eine alte römische Siedlung, sind viele Reste aus der Römerzeit gefunden worden. Samaniego, Santo Domingo de la Calzada, Briones und El Cortijo sind weitere reizvolle Dörfer mit alter Bausubstanz.

Von der Straße zum Herrerapass, die einige Kilometer westlich von Laguardia rechts in Richtung Vitoria abbiegt, hat man einen wunderbaren Rundblick über die Region.

Steckbrief der Rioja-Region

50 800 Hektar Rebfläche
3 Mio. hl Wein pro Jahr
17 000 Weinbauern
98 000 Weinbergsparzellen
450 Weinabfüller

Typischste Traubensorten:
Tempranillo (rot)
Garnacha (rot)
DOC seit 1988
(siehe Seiten 17, 31)

Weinqualitäten:
Joven (Cosecha)
Crianza
Reserva
Gran Reserva

Weincharakter:
im Duft fruchtbetont mit Gewürzaromen, keine aggressiven Gerbstoffe

Das ehemalige Augustinerkloster in Haro ist heute ein romantisches Hotel.

Feste feiern

Den typischen, stolzen, glutäugigen, dunkelhaarigen Spanier, der tanzt und Gitarre spielt und den ein internationales Vorurteil zu kennen glaubt, gibt es sicher hie und da, womöglich am ehesten in Andalusien. Doch Spanien ist vor allem im Norden ein Schmelztiegel vieler Völker mit grundverschiedenen Menschentypen. Sitten und Gebräuche können sich auf kürzeste Distanz verändern.

Schon in einer relativ kleinen Gegend wie dem Anbaugebiet Rioja sind die Menschen sehr verschieden. Die Basken im nördlichen Teil sind ein hochgewachsener, kräftiger und nicht sehr leicht zugänglicher Menschentyp. Im Ebrotal dagegen siedeln eher lebendige, offene Nordspanier, die in Spanien als fleißige und wohlhabende Bauern gelten.

Erntedankfeste krönen in vielen Dörfern die Weinlese.

Allen ist gemeinsam, dass sie Traditionen pflegen, gerne gut essen und regionale Feste feiern, die zu einem Ereignis für die ganze Region werden können. Zu den bekanntesten dieser Feste reisen Besucher aus ganz Spanien an. Am 22. Juli etwa, bei den Danzas de los Zancos in dem hübschen Dörfchen Anguiano, tanzen Männer in bunten Trachtenröcken auf Stelzen durch die steilen, stufigen Gassen. Die Fiestas del Santo in Santo Domingo de la Calzada bieten vom 25. April bis 12. Mai ein ganzes Repertoir von traditionellen Veranstaltungen wie die «Prozession der Jungfrauen», die Verteilung des Weißbrotes oder das «Defilieren der Hammel». Am 21. September feiert Logroño das alljährliche Weinfest, das allerdings in seiner Bekanntheit noch übertroffen wird von der «Weinschlacht» in Haro, bei der nicht nur die Stadt im Wein regelrecht schwimmt, sondern auch viele Passanten durch Spritzen aus Lederflaschen in ein rotes Weinbad getaucht werden. Historischer Ursprung dieses Festes ist eine Auseinandersetzung zwischen Miranda de Ebro und Haro um territoriale Ansprüche.

Kalender der Feste

5. April bis 12. Mai:	Fiestas del Santo in Santo Domingo de la Calzada
3. Mai-Sonntag:	Jungfrauenprozession in Sorzano
29. Juni:	«Batalla de vino», Weinschlacht in Haro
22. Juli:	«Danza del los Zacos» in Anguiano
31. August:	«Fiestas Pastronales», Calahorra
5. September:	Ernte-Weinfest, Cenicero
21. September:	Weinfest in Logroño
27. September:	«Robo de los Santos», der Raub der Heiligen in Arnedo

Etwas Weingeschichte

Römer, die fast ganz in ganz Europa Weinreben pflanzten, betrieben auch in der Gegend um das heutige Logroño Weinbau. Im Mittelalter sollen Mönche aus Burgund Reben mitgebracht haben und in vielen Dokumenten ist der Weinanbau in dieser Zeit nachgewiesen. Winzer aus der Rioja gründeten schon 1787 eine Vereinigung zur Verbesserung des Weinanbaus.

Doch erst im 19. Jahrhundert wurde der Wein aus Rioja außerhalb der eigenen Region bekannt. Einmal, weil durch Straßen und danach die Eisenbahn bessere Verbindungen in andere Landesteile möglich waren. Zum anderen aber, weil französische Weinbaumethoden dazu beitrugen, die Qualität der Riojaweine erheblich zu steigern.

Franzose im Fass

Der Legende nach hat man zur Zeit der napoleonischen Besatzung in San Vicente französische Soldaten aus Rache in ein Weinfass geworfen. Der Wein soll danach besonders gut gewesen sein. Noch heute heißt es manchmal, wenn man einen besonders guten Wein getrunken hat: «Da hat wohl ein Franzose im Fass gesessen.» Realer Hintergrund ist, dass die Weinbauern im letzten Jahrhundert viel von den Franzosen gelernt haben.

Luciano de Murrieta und der Marquès de Riscal waren mit die ersten Spanier, die in Bordeaux Weinbautechnik studierten. Nach Logroño zurückgekehrt, setzten sie ab Mitte des vergangenen Jahrhunderts ihre Erkenntnisse um. Murrieta erzeugte die ersten Weine mit gezielter Holzlagerung zur Verbesserung des Ausbaus und hatte schon bald internationalen Erfolg damit. Riscal pflanzte die französische Rebe Cabernet Sauvignon, die bis heute nur in diesem Weingut für den Ausbau von Rioja-Wein zugelassen ist. Beide Weingüter zählen noch heute zu den bekanntesten der Rioja.

In der zweiten Hälfte des 19. Jahrhunderts gewann Rioja auch deshalb internationale Bedeutung, weil die Reben im Raum Bordeaux von der Reblaus vernichtet wurden. Mancher Winzer aus Frankreich entschloss sich auszuwandern und in Rioja sein Glück zu versuchen. Ein goldenes Zeitalter für den gesamten spanischen Wein begann, denn bis die Reblaus auch Spanien erreicht hatte, verging einige Zeit, in der spanische Weine keine Absatzprobleme hatten. In diese Zeit fiel auch die Gründung weiterer großer Riojaerzeuger wie CVNE, Riojanas, Paternina oder Bilbaínas.

1926 gründeten die Bodegas den ersten Kontrollrat («Consejo Regulador»), der bis heute über die Regeln des Weinbaus wacht. 1945 erhielt Rioja als erstes Anbaugebiet Spaniens offiziellen Herkunftsschutz als «Denominación de Origen». Seit 1988 ist Rioja die einzige Region mit der höchsten Herkunftsbezeichnung «Denominación de Origen Calificada».

In vielen Bodegas ist die Tradition noch lebendig: alte Pressen und große Gärbottiche aus Holz werden weiter benutzt.

Der Weg zum Rioja Ihrer Wünsche

Mit dem Wein verhält es sich wie mit Musik, Kunst und aller Kultur: das Vergnügen daran ist umso größer, je mehr man davon versteht. Dieses Kapitel zeigt Schritt für Schritt, wie Riojaweine ihren Charakter erhalten, damit Sie den richtigen Wein für Ihren Geschmack finden.

Die Rioja offeriert eine große Palette, vom einfachen, preiswerten Alltagswein bis zum hochwertigen, lange faßgereiften Gran Reserva. In allen diesen Weinen wirken vier Elemente, die ihren Geschmack prägen. Im Zusammenwirken entsteht die wunderbare Vielfalt, die Wein von allen Industrieprodukten unterscheidet, die den Kenner begeistert und die weniger geübten Weinfreund Kopfzerbrechen bereitet. Wer verstanden hat, was die Güte eines Weines bestimmt, wird sich leichter durch das Labyrinth des Angebotes finden.

Was die Güte eines Weins bestimmt

Grundsätzlich sind es vier Faktoren, welche den Typ und die Güte eines Weines bestimmen:

1. die Rebsorte und deren Trauben,
2. das Klima und der Boden, die in der Weinsprache mit dem Begriff «Terroir» bezeichnet werden,
3. das Können von Winzer und Weinmacher,
4. die Eigenheiten eines Jahrgangs.

Alles in allem aber ist es zum guten Ende das Zusammenwirken all dieser Elemente.

Die nebenstehenden Symbole werden Sie durch diesen Band und die ganze Buchreihe Vinoteca führen. Über die Qualität der Weine informiert die Anzahl Sterne von ★ bis ★★★★★.

Die Summe der vier Faktoren ergibt die Weinqualität

Traubensorte

Terroir

Winzer

Jahrgang

Weinqualität ★

Vier Fragen leiten die Weinwahl

Um «Ihren» Wein zu finden, sollten Sie Ihre Wünsche und Erwartungen nach folgenden Kriterien prüfen:

🍷🥂 Welches sind meine Vorlieben? Rot oder weiß? Sanft oder herb? Leicht oder schwer? Subtil oder wuchtig?

🍾 Ist der Wein zum sofortigen Trinken oder zum Lagern bestimmt?

👄 Zu welcher Gelegenheit soll er passen? Zum einfachen, kalten Imbiss, zu alltäglichen Gerichten oder zum Festmahl?

❶–❺ Was ist mir das Vergnügen wert?

Mittels Ihrer Antworten und den entsprechenden Symbolen werden Sie in diesem kleinen Ratgeber zum Wein oder zu den Weinen Ihrer Wünsche geleitet.

Das Besondere am Rioja

Mehrere Besonderheiten prägen den Rioja und machen ihn nahezu unverwechselbar, vor allem wenn er Crianza- oder Reservaqualität hat. Da ist einmal die Rebsorte Tempranillo, die es nur in Spanien gibt und die ihm seine Frucht und sein Alterungspotential verleiht. Hinzu kommt die Reife in Eichenfässern, die in Verbindung mit dem natürlichen Weintyp ein Aroma entstehen lässt, das häufig an Zimt und Weihnachtsgewürze erinnert. Im Mund zeigt sich der klassische Rioja nie ruppig und gerbstoffbetont, sondern mit würziger und fruchtiger Eleganz. Häufig bleibt nach dem Schlucken etwas feinsäuerliche Würze am Gaumen. Mit etwas Übung werden Sie einen typischen Rioja unter vielen Rotweinen herausfinden können.

Frage: Was ist der Unterschied zwischen diesen drei Flaschen? Antwort: 20 Jahre und mehr Reife!
Sie repräsentieren die ganze Bandbreite der Region. Ein einfacher Rioja Joven, schon für wenige Mark erhältlich, kann schon im Jahr nach der Ernte getrunken werden. Eine Gran Reserva dagegen offenbart den vollen Genuss erst nach Jahrzehnten.

Ein Trinkwein: kann ein einfacher Joven sein, fruchtig, süffig und leicht.
Er passt köstlich zu Tapas, kräftigen Brotzeiten und Eintöpfen.
Mehr dazu Seite 42/43.

❶ ab DM 5,– / € 2,50

Ein Lagerwein: kann ein guter Crianza sein.
Er ist trinkreif, wenn er auf den Markt kommt, darf jedoch noch lagern.
Mehr dazu Seite 44/45.

❸ ab DM 15,– / € 7,50

Ein Renommierwein: kann ein Reserva oder Gran Reserva sein.
Diese Kategorie erlaubt alle Fantasien, hinsichtlich Machart und Preis.
Mehr dazu Seite 46/47.

❹ ab DM 40,– / € 20,–

Typisch Rioja: Tempranillo und Garnacha

Die meisten berühmten Weinregionen der Welt stützen sich auf eine, maximal zwei wichtige Rebsorten. In der Rioja ist es zweifellos die Tempranillorebe, die den meisten Weinen der Region ihre besonderen Nuancen gibt. Die hochwertige Rebsorte wird in ganz Spanien angebaut, sonst jedoch kaum irgendwo in der Welt.

Eine Traube – viele Namen

Sie ist eine der typisch spanischen Sorten. Fast in jeder Region hat man ihr einen anderen Namen gegeben. Mal nennt man sie Ull de Llebre, mal Tinto fino, mal Cencibel. Doch international ist sie bekannt als Tempranillo.

So heißt sie in der Rioja, wo sie ihre berühmtesten Weine hervorbringt. Mit den Riojaweinen wurde der Tempranillo bekannt. Die dickschaligen, dunklen Beeren erbringen kräftige Weine mit 11 bis 13 Prozent Alkoholgehalt, die gerbstoffbetont und farbintensiv sind und in der Jugend fruchtig duften, sich jedoch mit dem Ausbau im Eichenfass ungemein gut vereinbaren lassen und dann ganze andere Stärken zeigen: Zimtaromen, Eichenwürze und große Alterungsfähigkeit.

Steckbrief der Tempranillo

Die Tempranillo ist die wertvollste spanische Rebsorte. Die dickschaligen, früh reifenden Trauben ergeben fruchtintensive, harmonische Weine, die sich wegen ihrer milden Gerbstoffe und hervorragender Haltbarkeit für den langen Ausbau in Eichen-Barriques sehr gut eignen. Typisch ist für Rioja der Verschnitt mit Wein aus der Garnachatraube.

Man kann sagen, der Tempranillo hat von Rioja aus Spanien erobert. Heute bedeckt er rund 60 Prozent der Rebflächen des Gebietes.

Doch einfach ist es nicht, mit dieser hochwertigsten aller spanischen Trauben umzugehen. Steht sie auf fetten Böden oder sind die Reben zu jung, so trägt sie große Mengen einfacher Trauben, die sich bestenfalls für schlichte Alltagsweine eignen. Wird sie jedoch zu bester Leistung angestachelt, zeigt sie den duftigen Schmelz des feinen Burgunders ebenso wie den strukturierten Charakter eines Bordeaux.

Garnacha als ideale Ergänzung

Eine weitere wichtige Sorte ist die in Frankreich als Grenache bekannte Garnacha, die man vorwiegend in den wärmeren Lagen im Südosten anbaut. Sie ist die typische Sorte der Rioja Baja. Den Riojaweinen gibt sie weiche Frucht, Reife und Alkohol. Meist dient sie dabei dem Verschnitt mit Tempranillo, sortenrein gilt sie als weniger wertvoll.

Fast vergessen hatte man für einige Jahrzehnte die Gracianorebe, weil sie wenig Ertrag bringt. Doch sie gibt dem guten Rioja Kraft, Gerbstoff und Farbe. Seit einigen Jahren wächst die Zahl der Graciano-Weinberge wieder – ein Zeichen dafür, dass man sich auf alte Stärken besinnt. Ebenfalls erlaubt ist die rote Mazuelo, bekannter unter dem französischen Namen Carignan.

Rioja ist für seine Rotweine bekannt, doch tragen zwanzig Prozent der angebauten Reben weiße Trauben. Wichtigste weiße Sorte ist die Viura mit zartem Apfelaroma, in anderen Gebieten Spaniens als Macabeo genannt. Weitere zugelassene, aber selten angebaute Sorten sind die leicht rötliche Malvasia und die alkoholstarke Garnacha Blanca.

Rioja-Rebsorten

Rote Trauben insgesamt:
42 800 Hektar
Tempranillo 31 200 Hektar
Garnacha 9 100 Hektar
Graciano 420 Hektar
Mazuelo 800 Hektar
Weiße Trauben insgesamt:
8 000 Hektar
Viura ca. 7 600 Hektar
Malvasía 130 Hektar
Garnacha Blanca 45 Hektar

Hügel, Sonne und frischer Wind

Insgesamt unterscheidet
man drei Bodentypen:

1. Ein Gemisch aus Kalkton,
Tonerde, Kreide und
Sandstein (vorwiegend
im Nordwesten).
2. Stark eisenhaltige Tonerde (Süden und Südosten)
3. Magerton- und Lehm-
böden mit alluvialen
Anschwemmungen
des Ebro und seiner
Nebenflüsse (Süden
und Südosten).

Die Naturbedingungen kann der Mensch kaum be-
einflussen. Wirklich große Weine wachsen nicht überall. Selbst innerhalb berühmten Regionen wie der
Rioja gibt es große Unterschiede. Zuviel Kühle und
Regen ergeben eher saure Weine mit wenig Gehalt,
bei zu viel Sonne und Trockenheit mangelt es den Weinen an Finesse und Frucht. Schwerer, kräftiger Boden
ergibt große Mengen, karger, steiniger dagegen oft die
beste Qualität.

Das etwa 50 000 Hektar große Weinbaugebiet Rioja
liegt auf beiden Seiten des Ebro und erstreckt sich über
40 Kilometer Breite und 120 Kilometer Länge. Es ist
nicht deckungsgleich mit der politischen Provinz La
Rioja. Es reicht im Norden bis zum Kantabrischen
Gebirge und damit ins Baskenland, im Süden bis zur
Sierra de la Demanda.

Gemäßigt kontinentales Klima

Diese beiden Gebirgszüge und die Nähe zum Meer
prägen die Grundstrukturen des Klimas der Rioja. Es
ist gemäßigt kontinental, denn vor allem im nordwestlichen Teil ziehen noch kühle Winde vom Meer
her und bringen auch im Sommer einige Regenfälle,
die allzu große Trockenheit verhindern. Dennoch hält
das Kantabrische Gebirge den größten Teil der Meer-
luft ab. Heiße und sonnenreiche Sommer mit kühlen
Brisen in den Nächten ergeben optimale Bedingungen
für die Reben.

In Richtung Südosten nimmt dieser Einfluß ab. Dieser, dem Kontinent stärker zugewandte Teil der Rioja,
ist heißer und trockener. In der Rioja Alavesa, dem
nordwestlichsten Teil, liegt die Temperatur im Jahres-
mittel bei 12,7 Grad Celsius bei 522 Litern Nieder-

schlag pro Quadratmeter. Im östlichen Teil, der Rioja Baja, steigt die Temperatur auf 14,4 Grad und mit 284 Litern Niederschlag besteht oft Wassermangel. Diesen großen Klimabedingungen fügt die hügelige Landschaft noch wichtige Details hinzu. Auf sonnengeneigten Südhängen ist es wärmer, und mit den Höhenlagen sinkt die Temperatur. Weinberge stehen in der Rioja zwischen 280 und 600 Meter über dem Meeresspiegel.

Gute Weine wachsen auf kargen, steinigen und mineralreichen Böden. Den meisten Rebsorten hilft kalkhaltige Erde, wie man sie vor allem in der Rioja Alavesa, dem nordwestlichen Zipfel des Gebietes, überwiegend antrifft.

Durch die verschiedenen Einflüsse von Großklima, Kleinklima und Boden wechseln die Terroirbedingungen oft auf kürzester Distanz. Von alters her wissen die Weinbauern um die Unterschiede. Sie kennen die wertvollsten Weinberge.

Terroir oder Marke?

Traditionell muss ein Rioja nicht aus einer bestimmten Lage stammen. Im Gegenteil versuchen die größeren Bodegas, durch Verschnitte einen jedes Jahr ähnlichen Markencharakter ihres Weines zu erzeugen. Einige sehr hochwertige Weine mit Terroircharakter stammen jedoch aus abgegrenzten Weinbergen.

Wärmezonen der Rioja:

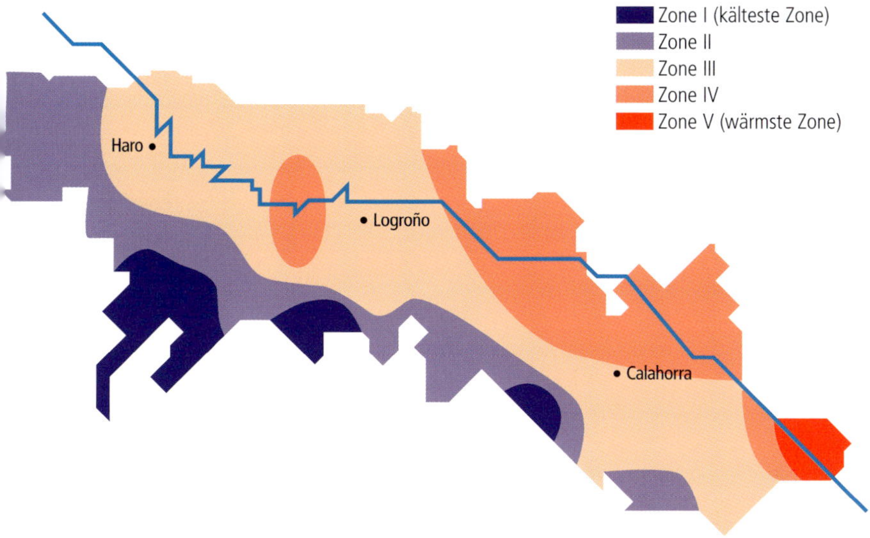

- Zone I (kälteste Zone)
- Zone II
- Zone III
- Zone IV
- Zone V (wärmste Zone)

Haro •

• Logroño

• Calahorra

Die Natur machen lassen

Wer immer einen begnadeten Winzer über den Grund auszufragen versucht, warum seine Weine so hervorragend gelingen, wird zur Antwort hören: «Wir versuchen, alles die Natur machen zu lassen. Wir haben gute Lagen, pflanzen die richtigen Reben, pflegen vor allem unsere alten Weinberge und achten auf reduzierte Traubenerträge.» Die Antwort ist nicht falsch, verschweigt aber die Mühe, das hohe Verständnis der Natur und das finanzielle Risiko, das der Versuch erfordert, jedes Jahr die allerbesten Trauben zu ernten. Der Weinbau in der Rioja hat eine lange Tradition. Man kennt die guten Weinlagen. Das hügelige Land der Rioja ist deshalb nicht durchgehend mit Reben bestockt. Wo welche gepflanzt werden dürfen, ist genau festgelegt. Die Rebfläche steigt – eine Besonderheit der Rioja, die auf gute Nachfrage hinweist, denn in der gesamten EU ist die Ausweitung von Rebflächen prinzipiell untersagt.

Im traditionellen Gobelet-Rebschnitt steht jede Pflanze für sich allein.

Typisch: die Gobelet-Erziehung

Der so genannte «gemischte Satz» mehrerer Rebsorten im gleichen Weinberg, früher üblich, ist nicht mehr modern. Heute legt man in aller Regel sortenreine Weinberge an, vor allem mit Tempranillo und Graciano. Die Erziehungsform ist traditionell: an einem nur 30–50 cm kurzen Stämmchen zieht der Winzer über mehrere Jahre drei oder vier Verzweigungen, auf denen Jahr für Jahr die neuen Triebe wachsen. Man ist sich sicher, dass die traditionelle Anbauweise, die so genannte Gobelet-Erziehung, eine bessere Durchlüftung und ein natürlicheres Wachstum der Reben zulässt. Drahtrahmen bieten nur Vorteile bei der maschinellen Bearbeitung.

17 000 genossenschaftliche Weinbauern

Die Strukturen im Weinbau der Rioja sind nach wie vor kleinbäuerlich geprägt und haben sich seit den sechziger Jahren bis heute nicht entscheidend geändert, obwohl eine große Zahl neuer Bodegas hinzugekommen sind. Etwa 17 000 Weinbauern erzeugen etwa zwei Drittel der Trauben und verkaufen sie an Genossenschaften oder ausbauende und flaschenfüllende Bodegas.

Wer Trauben entgegennehmen darf, wer Wein ausbauen darf, wer Wein in Barriques lagern und auf Flaschen füllen darf, ist jeweils genau geregelt. Bei den zukaufenden Bodegas gibt es solche, die langjährige Lieferverträge für die Trauben haben, andere kaufen Most, wieder andere fertigen Jungwein. Während der Trend mit dem Argument besserer Kontrollmöglichkeit in Richtung eigene Weinberge geht, argumentieren andere, auf dem offenen Faßweinmarkt könne man sich die besten Partien heraussuchen.

Die gute Nachfrage der vergangenen Jahre hat allerdings teilweise zu Veränderungen geführt, die mehr in Richtung Menge als Qualität gehen. Einige Erzeuger pflanzen ertragreichere Klone und Spalierreben, bewässern massiv und weichen auf fette Schwemmböden aus. Glücklicherweise gibt es auch gegenläufige Tendenzen: vor allem junge, ehrgeizige Erzeuger besinnen sich auf gute Traditionen, alte Weinberge, geringe Erträge und karge, steinige Höhenlagen. Auch hat man einen Teil der wissenschaftlichen Aktivität der Verbesserung des Klonenmaterials beim Tempranillo und der Züchtung virusfreier Klone sowie der Optimierung von Bewässerung unter Qualitätsgesichtspunkten gewidmet. So spaltet sich der Markt schon im Weinberg: Alltagsweine und große, faszinierende Rotweine sind in der Rioja zu Hause.

Anbauregeln

Pflanzdichte pro Hektar:
maximal 4 000 Stöcke
minimal 2 850 Stöcke

Maximale Erntemenge:
6 000 kg bei roten Sorten
9 000 kg bei weißen Sorten

Aus 100 kg Trauben darf nicht mehr als 70 Liter Wein gekeltert werden.

Erziehungsform:
Einzelstöcke (Gobelet)

Weinlese:
Ende September bis Ende Oktober

Kellertechnik und Weinstil

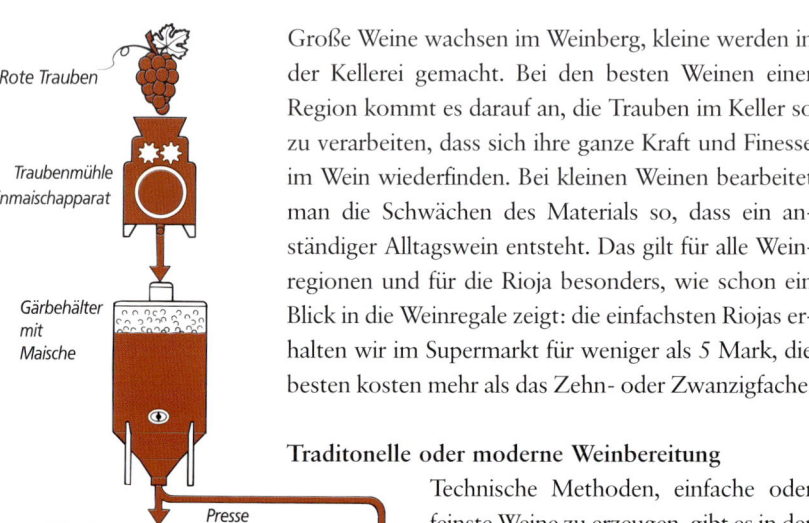

Rote Trauben

Traubenmühle
Einmaischapparat

Gärbehälter
mit
Maische

Presse

Trester

Lagerkeller

Presswein

Vorlaufwein

filtern
oder
klären

Abfüllanlage

Große Weine wachsen im Weinberg, kleine werden in der Kellerei gemacht. Bei den besten Weinen einer Region kommt es darauf an, die Trauben im Keller so zu verarbeiten, dass sich ihre ganze Kraft und Finesse im Wein wiederfinden. Bei kleinen Weinen bearbeitet man die Schwächen des Materials so, dass ein anständiger Alltagswein entsteht. Das gilt für alle Weinregionen und für die Rioja besonders, wie schon ein Blick in die Weinregale zeigt: die einfachsten Riojas erhalten wir im Supermarkt für weniger als 5 Mark, die besten kosten mehr als das Zehn- oder Zwanzigfache.

Traditonelle oder moderne Weinbereitung

Technische Methoden, einfache oder feinste Weine zu erzeugen, gibt es in der Rioja sowohl in älteren, traditionellen Häusern wie in modernen. Die älteren arbeiten noch mit Betontanks und großen, alten Holzfässern und benutzen ihren kleinen Eichenbarriques viele Jahre lang, die modernen gären ihren Most in temperaturkontrollierten Stahltanks und benutzen ihre Eichenbarriques nur wenige Jahre. Die Unterschiede sind zu schmecken und zu riechen. Traditionelle Riojas sind heller, riechen stärker nach Zimt und Vanille, modernere zeigen tiefdunkle Farbtöne, riechen intensiv fruchtig, lassen Eichenwürze mit Vanillenote erkennen und zeigen im Mund mehr Gerbstoff als zarte Säure. Heute existieren in der Rioja für die Rotweinherstellung (die Kellertechnik für Weißwein ist in der ganzen Welt weitgehend gleich) im Grunde genommen drei verschiedene Gärverfahren.

Die drei Rioja-Gärverfahren

Ein Großteil der kleineren Fassweinwinzer und einige Genossenschaften wenden noch eine alte Methode an, bei der die Trauben unbehandelt mit Schalen, Stielen und Kernen in einen meist betonierten Gärbottich («lago») geschüttet werden. Ein Teil der Beeren wird dabei zerquetscht, der Saft sammelt sich am Boden des Behälters und leitet die Gärung ein.

Moderne Edelstahltanks für eine temperatur-kontrollierte Gärung.

Diese Mischform wird in modernen Betrieben aufgespalten. Für jung zu trinkende Weine bemüht man sich um eine vollständige Gärung ganzer Beeren. Dies gibt sehr fruchtbetonte, duftige Weine im Beaujolaisstil, die jedoch bald getrunken werden sollen. Sie kommen unter der Bezeichnung «Joven» oder «Cosecha» auf den Markt.

Für Weine, die in Eichenbarriques reifen und zum Lagern bestimmt sind, werden die Beeren gequetscht und gemeinsam mit den Schalen, der Fachmann sagt: an der Maische, in großen Stahltanks vergoren. Diese Weine erhalten mehr Gerbstoff und Struktur. Die kontrollierte Gärtemperatur beträgt dabei in der Regel etwa 25 Grad, die Dauer der Gärung 15 bis 20 Tage. Der Gärung folgt eine Phase der Ruhe.

Junge, einfache Weine füllt man anschließend sofort in Flaschen ab. Höherwertige Weine dagegen kommen für Monate oder Jahre in Eichenbarriques zur Reifung, der so genannten «Crianza».

Traditionell stammt das Eichenholz aus Amerika, einige moderne Bodegas verwenden aus französische Eiche. Nach der Fassreifung füllt man den Wein auf Flaschen und lässt ihn nochmals ruhen, damit er trinkfertig auf den Markt kommt.

Üblicherweise werden rote Trauben in der Traubenmühle leicht gequetscht und der Saft zusammen mit den Schalen im Gärbehälter vergoren. Anschließend läuft der Vorlaufsaft direkt in Lagerbehälter, der Rest der Maische wird gepresst und der weniger wertvolle Presswein getrennt gelagert. Vor dem Abfüllen erfolgt eine Filterung. In der Rioja gibt es die auf dieser Seite beschriebenen drei Varianten.

Kontrollierte Qualitäten

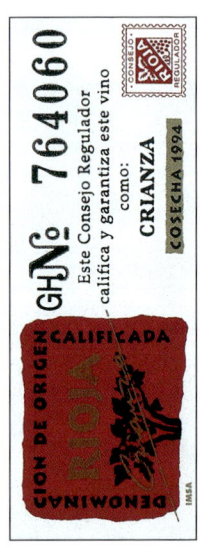

Alle Riojaweine erhalten ein Rückenetikett des Consejo Regulador, das die geprüfte Qualitätsstufe dokumentiert: in diesem Fall «Crianza».

Alle spanischen Qualitätsweine müssen dem Wein- und Alkoholgesetz aus dem Jahr 1970 entsprechen. Es regelt unter anderem die Verwendung der wichtigsten Herstellungsmethoden und Weinbezeichnungen. Außerdem verfügt jede Qualitätsweinregion über ihr eigenes Aufsichtsorgan, das Consejo Regulador. Es konkretisiert die Bestimmungen des Weingesetzes auf die Region bezogen und wacht über die Einhaltung aller Regeln für Produktion und Bezeichnung. Diese Standesvertretung hat in der Rioja eines der konsequentesten und lückenlosesten Qualitäts- und Kontrollsysteme der Welt geschaffen.

Alle Erzeugerkeller, alle Bodegas und alle einzelnen Weinberge (insgesamt über 98 000 Parzellen) sind registriert. Rebsorten, Anbaumethoden, Erntemengen und Qualitätsnormen sind festgelegt. Ohne Registrierung des Herkunftsweinbergs erhält kein Wein das D.O.-Rückenetikett. Das Consejo führt für jeden Winzer ein Winzerbuch. Weinkontrolleure prüfen die Kellereien. Alle Weine werden verkostet. Eine nummerierte Banderole dient der Mengenkontrolle. Eine analytische Überprüfung der jährlich 13 000 Weine erfolgt in zwei önologischen Stationen. Alle Exportweine erfahren auch eine weitere sensorische Kontrolle.

Das spanische Weingesetz kennt keine Klassifizierung von Weinqualität nach Mostgewicht der Trauben (wie in Deutschland), nach Weinbergslagen (wie im Burgund) oder nach Erzeugern (wie das Medoc in Bordeaux). Vielmehr gibt es wie in der ganzen EU Tafelweine oder Qualitätsweine. Rioja ist eine Qualitätsweinregion. Innerhalb der Qualitätsweine exisitieren junge Weine («Joven» oder «Cosecha» genannt),

Crianza, Reserva und Gran Reserva. Diese vier Qualitätsstufen unterscheiden sich nur in der Dauer der Holz- und Flaschenlagerung. Je länger der Wein gelagert ist, umso wertvoller wird er. Der Gran Reserva ist demnach die höchste Qualitätsstufe.

Selbstverständlich wird man an Trauben und an einen Wein, der zum Gran Reserva heranreifen soll, höhere Qualitätsansprüche stellen als an einen Joven. Gran Reservas erzeugt man nur in ausgezeichneten Jahrgängen. Die Lagerdauer der einzelnen Qualitätsstufen ist in der Rioja anspruchsvoller geregelt als im allgemeinen Weingesetz.

Etiketten-Spanisch

Bodega – Kellerei
Cosecha – Ernte, Jahrgang
Crianza – im Holzfass ausgebaut, auch Fasslager
DOC Denominación de Origen Calificada – Kontrollierte Ursprungsbezeichnung

Weinfarben:
blanco – weiß
rosado – rosé
tinto – rot

Qualitätsstufen

Crianza: mindestens 12 Monate Eichenfasslager, Verkauf frühestens im dritten Jahr nach der Ernte (Stichtag ist der 1. Dezember).

Joven: Wein, der weniger als 12 Monate im Eichenfass gelagert wurde oder früher als im dritten Jahr nach der Ernte vermarktet wird.

Gran Reserva: mindestens 24 Monate Eichenfasslager und mindestens 36 Monate anschließendes Flaschenlager.

Reserva: mindestens 12 Monate Eichenfasslager, Verkauf frühestens im vierten Jahr nach der Ernte

Von exzellenten und anderen Jahren

Wein wäre eine Art Industrieprodukt, würde nicht die Natur immer wieder ein Wörtchen mitreden. Die Jahrgänge unterscheiden sich daher überall in der Welt – in einigen Gebieten mehr, in einigen weniger. Rioja ist eine Region mit relativ großen Unterschieden der einzelnen Weinjahre.

Zwar können fortschrittliche Methoden des Anbaus und der Kellertechnik auch in mäßigen Jahren vermeiden, dass schlechte Weine auf Flaschen gezogen werden. Aber sehr unterschiedlich sind sie in jedem Fall. Hat es viel geregnet, vor allem kurz oder während der Ernte, kommen die Trauben oft nicht mehr gesund in den Keller. Fäulnis beeinträchtig den Geschmack erheblich. In kalten Jahren reifen die Trauben nicht aus und bilden nicht genug Zucker. Der Wein bleibt «grün» und muss in der Regel bald nach der Ernte getrunken werden. Andere Klimafaktoren ermöglichen mehr oder weniger Mineralstoffe und Extrakte im Wein, mehr oder weniger Säure, mehr oder weniger Fruchtaromen.

Als besonders gut gilt ein Jahr, wenn die Trauben gesund ausgereift in den Keller kamen, die Erntemengen sich in Grenzen hielten, Säure und Extrakt vorhanden sind. In solchen Jahren wird ein großer Teil der Trauben zu Reserva- und Gran Reserva-Weinen verarbeitet. Nach dem Jahrgang richtet sich auch die Trinkreife: Ganz große Jahrgänge sind jederzeit hervorragend zu trinken, machen vielleicht aber nach einigen Jahren mehr Freude als allzu bald nach den Einkauf. Kleine, einfache Jahrgänge sind häufig nur für die ersten zwei bis drei Jahre nach der Ernte geeignet. Da sich nicht alle Weine eines Jahrgangs gleich entwickeln, gilt die Reifetabelle als Grundmuster, nicht als der Weisheit letzter Schluss.

Die Weinreife-Tabelle für den höchsten Trinkgenuss

Jahr	Joven	Crianza	Reserva	Gran Reserva	Joven (weiß)	Crianza (weiß)
1998	★	→	→	→	★	→
1997	★	↦	↦	→	↘	→
1996	↘	↦	↦	→	○	→
1995	○	★	↦	→	○	→
1994	○	★	↦	→	○	★
1993	○	↘	★	★	○	★
1992	○	↘	↘	★	○	★
1991	○	○	★	→	○	★
1990	○	○	↘	★	○	★↘
1989	○	○	↘	★	○	★↘
1988	○	○	↘	★	○	★↘
1987	○	○	↘	★	○	↘
1985	○	○	○	★	○	○
1982	○	○	○	★	○	★↘

Zur Qualität der Jahrgänge:

- ▨ = hervorragend
- ▨ = gut
- ▨ = mäßig

Legende:

- → noch sehr jung, reifen lassen
- ↗ am Anfang der Trinkreife, kann noch besser werden
- ★ auf dem Höhepunkt, trinken
- ↘ Zenit überschritten, austrinken
- ○ verpasst, wäre besser schon getrunken

Rioja-Jahrgänge

Weine dieser Jahrgänge sind teilweise noch im Handel erhältlich.

1998 sehr gut bis ausgezeichnet, wenn spät gelesen wurde

1997 gut, Jungweine jetzt trinken

1996 sehr gut, Jungweine jetzt trinken, Crianzas bereits trinkfertig, aber noch lagerfähig

1995 hervorragend, zweites großartiges Jahr in Folge, Crianzas schon trinkfertig, doch noch lagerfähig, Reservas noch lagern, Gran Reservas ab Dezember 2000 am Markt

1994 herausragend, die besten Weine seit 1982, Crianzas jetzt trinken, Reservas noch lagern, Gran Reservas kommen ab Dezember 1999 auf den Markt

1993 mäßig, jetzt trinken

1992 gut, jetzt trinken

1991 gut, mit einigen hervorragenden Gran Reservas, die noch lagern sollten; Reservas und Crianzas jetzt trinken

1990 sehr gut, die besten Weine sind trinkfertig, können aber auch noch etwas lagern

1989 gut mit einigen sehr guten Weinen, einige Reservas und Gran Reservas noch haltbar

1988 gut, leichterer Jahrgang, dessen Weine bereits getrunken sein sollten

1987 sehr gut, zweitbestes Jahr des Jahrzehnts, einige beachtliche Gran Reservas sind jetzt im besten Trinkstadium

1986 gut, gerbstoffbetont

1985 gut, fruchtbetont

1982 herausragend, die besten Gran Reservas sind noch jetzt ein Traum und werden es noch einige Jahre bleiben

Die Vielfalt der Rioja-Weine

Das vorige Kapitel zeigte, welche Einflüsse die Weine der Rioja prägen. Nun geht es um die Frage: Wie schmeckt er? Was ist typisch? Wenn wir ein Etikett und sein Rückenetikett aufmerksam lesen, wollen wir schließlich wissen, was uns in der Flasche erwartet.

Mit einer einfachen Symbolik weist die Vinoteca den Weg zum Wein, den Sie suchen. Stellen Sie die vier Fragen gemäß Seite 20. Die einzelnen Symbole mit den Beschreibungen geben die Antworten. Die Sterne für die Qualität werden aufgrund der entscheidenden Faktoren, Traubensorten, Terroir, Klima und Winzer, vergeben.

Die Vinoteca-Symbole zur Weinbeurteilung

Die Qualität	
★	für einen guten Alltagswein
★★	für einen feinen Sonntagswein
★★★	für einen prächtigen Festtagswein
★★★★	für einen grandiosen Paradewein
★★★★★	für einen absoluten Weltklasse-Wein

Qualität

Der Weintyp / Geschmack	
♥	Rotwein
♀	Rosé
♀	Weißwein

Weintyp/Geschmack

●	**Ideale Gerichte zu diesem Wein**

Speise-Empfehlung

Lagerfähigkeit	
♦	Trinkwein
➡	Lagerwein (Angaben in Jahren nach Ernte)

Lagerfähigkeit

Die Preiskategorien	
❶	unter DM 10,– / € 5,–
❷	DM 10,– bis 20,– / € 5,– bis 10,–
❸	DM 21,– bis 30,– / € 10,– bis 15,–
❹	DM 31,– bis 50,– / € 15,– bis 25,–
❺	über DM 50,– / € 25,–

Preiskategorie

Die Rioja-Anbaugebiete im Überblick

Rioja gesamt

Rebfläche:
50 800 Hektar

Erntemenge 1998:
391,5 Mio. kg

Durchschnittlicher Anteil
der Weinqualitäten:
55% Joven
30% Crianza
11% Reserva
4% Gran Reserva

Das Anbaugebiet Rioja gliedert sich in drei Teilstücke, in denen recht verschiedene Trauben wachsen können: Rioja Alta, Rioja Alavesa und Rioja Baja. Es hat sich eingebürgert, die Charakteristik der Teilregionen so darzustellen, als seien diese in sich geschlossene Gebilde. Wie die Klimakarte auf Seite 25 zeigt, ist dies jedoch nicht der Fall. Echte Terroirunterschiede finden sich auf kürzeste Distanz, wenn sich die Hangneigung oder die Belüftung verändert. Andererseits gibt es ähnliche Lagen, die weit auseinanderliegen.

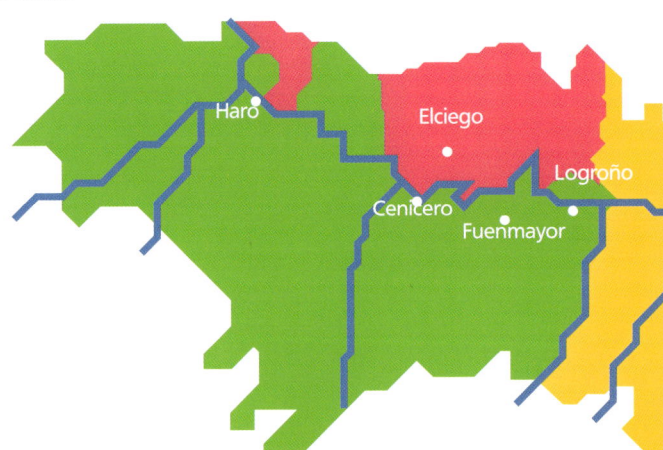

Rioja alta
Rebfläche: 21 800 Hektar
Zahl der Weinbergsparzellen: 22 680
Rebsortenanteile:
66% Tempranillo
20% Viura
 9% Garnacha
 5% andere
Durchschnittstemperatur:
13,0 Grad Celsius
Durchschnittliche Niederschläge:
381 Liter pro Quadratmeter

Rioja Alavesa
Rebfläche 10 900 Hektar
Zahl der Weinbergsparzellen:
45 800
Rebsortenanteile:
83% Tempranillo
13% Viura
 4% andere
Durchschnittstemperatur:
12,7 Grad Celsius
Durchschnittliche Niederschläge:
522 Liter pro Quadratmeter

Die folgende Beschreibung der drei Teilgebiete auf den Seiten 38 bis 41 gibt also eine Tendenz an, die nicht in jedem Einzelfall Gültigkeit besitzt und die nicht bei jedem Wein, dessen Bodega in einem Teilgebiet liegt, geschmacklich nachvollzogen werden kann.

Wichtiger für geschmackliche Unterschiede verschiedener Riojas sind die verschiedenen Weintypen, die sich aus den Qualitätsstufen Joven (Cosecha), Crianza, Reserva oder Gran Reserva ergeben. Auch der Ausbaustil des Kellermeisters beeinflusst Aroma, Geschmack, Haltbarkeit und Eignung zu bestimmten Speisen erheblich. Mehr dazu auf den Seiten 42–51.

Rioja baja

Rebfläche: 18 100 Hektar
Zahl der Weinbergsparzellen: 29 550
Rebsortenanteile:
42% Tempranillo
39% Garnacha
 9% Viura
 7% Mazuelo
 3% andere
Durchschnittstemperatur:
14,4 Grad Celsius
Durchschnittliche Niederschläge:
284 Liter pro Quadratmeter

Calahorra

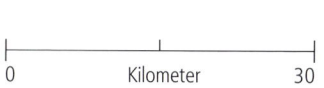

0   Kilometer   30

Die Vielfalt ist überschaubar

Die Kunst des Verschneidens

Fast alle Riojas bestehen aus mehreren Rebsorten. Ebenso stammen die Trauben für die meisten großen und bekannten Marken nicht nur aus einer Teilregion. Die größeren Bodegas kaufen Trauben aus verschiedenen Regionen. Während die kleineren Häuser den regionalen Charakter ihrer Weine hervorheben, sehen die Kellermeister der großen Erzeuger ihren Vorteil im Verschnitt: aus der Rioja Baja die Geschmeidigkeit und der Alkohol, aus der Alta Farbe und Gerbstoff, aus der Alavesa die Eleganz, heißt die Devise.

Wollen Sie den Wein Ihres Geschmacks finden, liegt eine Fülle unterschiedlicher Riojas in den Bodegas bereit. Nun geht es darum, sie zu ordnen und ihre typischen Eigenschaften zu erkennen.

Wir haben Glück: es gibt nicht unendlich viele Sorten, Qualitätsstufen, Ausbauweisen, süße oder trockene, die uns wie etwa bei deutschen Weinen den Überblick erschweren. Riojaweine sind immer trocken, es handelt sich fast immer um einen Verschnitt der zugelassenen Rebsorten und mit einiger Übung werden Sie sie am Geschmack erkennen können.

Wichtige Unterscheidungsmerkmale für die Weine der Rioja sind - außer der Farbe des Weines – die Herkunft der Trauben aus einer von drei Unterzonen, Jahrgang und erzeugendes Weingut, vor allem aber die Qualitätsstufe mit der Dauer der Holzlagerung (s. Seite 31). Natürlich prägt auch die genaue Herkunft der Trauben den Ausdruck des Weines. Es gibt eine große Zahl verschiedener Kleinklimata. Erst in jüngster Zeit gehen die besten Bodegas dazu über, Weine aus kleinen Einzellagen getrennt auszubauen und die Typizität dieser Lagen beim Ausbau im Keller zu fördern. Diese Weine gehören zu den wertvollsten der Region.

Trinkreif auf den Markt

Das spanische Qualitäts- und Lagersystem hat einen wichtigen Vorteil gegenüber den meisten Weine der Welt. Durch die vorgeschriebenen Lagerzeiten in Fass und Flasche (s. S. 31) kommen die Weine in aller Regel bereits trinkfertig auf den Markt. Man muss sie also nicht, wie etwa bei Bordeaux, kaufen, wenn sie noch gar nicht genussfähig und für den Laien kaum einzuschätzen sind.

Rioja Alavesa: die Eleganz

Westlich von Logroño und nördlich des Ebro liegt die Rioja Alavesa, der baskische Teil des Gebietes und von der Rebfläche her der kleinste. Doch die leichten, kalkreichen Böden, die guten Niederschlagsmengen und die sonnenbeschienenen Südhänge machen die Lagen der Alavesa qualitativ zu den besten der Rioja. Von hier kommen die elegantesten, am feinsten strukturierten Riojas, unter anderem auch, weil ein Teil der Trauben aus recht hoch gelegenen Weinbergen stammt: 400 bis 800 Meter über dem Meeresspiegel liegen sie.

Alavesa ist die Domäne der Tempranillorebe, die fast alle Rotweinflächen bedeckt. Von insgesamt 18 Weinbaugemeinden sind die bekanntesten Laguardia, Elciego und Oyon. Viele Kleinwinzer teilen sich die Flächen. Ein Weinberg ist hier im Durchschnitt nur 0,2 Hektar groß.

Alavesa liegt jenseits, nördlich des Ebro und gehört zum Baskenland.

Rioja alta: Kraft und Farbe

Ebenfalls westlich von Logroño, aber bis auf wenige Gemeinden südlich des Ebro liegt die Rioja Alta, das Teilgebiet mit der größten Rebfläche. Die Weinlagen sind nicht unbedingt wärmer als in der Alavesa, wie teilweise behauptet wird. Vor allem im Süden, in Richtung der Sierra de la Demanda, liegt die kühlste und regenreichste Zone der Rioja. Der Schwerpunkt des Weinbaus befindet sich allerdings in Flussnähe. Die Böden der Rioja Alta sind häufig etwas schwerer und ergeben kräftigere, dunklere und körperreichere Riojas. Der Tempranillo-Anteil liegt auch in der Rioja Alta deutlich über 50 Prozent. Die meisten großen und bekannten Bodegas sind hier angesiedelt, etwa in Haro, Ollauri, Cenicero, Fuenmayor oder Logroño, den bekanntesten der 75 Weinorte.

In der Rioja alta liegt ein Großteil der Rebkulturen längs des Ebro.

Rioja baja: Fülle und Alkohol

Die Rioja baja ist, was die Ausdehnung betrifft, der größte der drei Unterbereiche der Weinregion. Sie unterscheidet sich erheblich von den beiden andern Zonen. In den östlichen Teil des Anbaugebiets dringen kaum noch atlantische Winde vor. Die Sommer sind heiß und trocken und die Niederschläge spärlich.

Die meisten Weingärten – Weinfelder wäre wohl treffender – liegen nur 300 Meter über Meer. Die Böden sind fast ausschließlich Schwemmland der Flüsse mit eisenhaltigem Lehm.

Die hitzebeständige Garnacha-Traube ist hier im gleichen Maß vertreten wie die Tempranillo. Dank Bewässerung sind die Erträge im allgemeinen recht hoch was zu eher einfachen, aber alkoholstarken Weinen führt. Ausnahmen bestätigen diese Regel nur.

In der heißen Rioja baja fühlt sich die Garnacha-Traube am wohlsten.

Die jungen Alltagsweine

Der typische Jungwein zeigt vor allem Eigenschaften des jugendlichen Tempranillo: eine fleischige, saftige Kirschfrucht. Manchmal riecht er ein wenig nach frischem Wildfleisch – in Frankreich nennt man dies «gout animal». Intensiv saftig ist auch sein Geschmack. Die Gerbstoffe spürt man zwar beim Schlucken. Sie bleiben jedoch relativ mild und sind selten aggressiv. Zum klassischen Rioja gehört auch eine frische Säure, die dem Wein anhaltenden Geschmack gibt.

In der Rioja tragen diese einfacheren Weine wie alle Qualitätsweine der Region das Rückenetikett des Consejo Regulador, jedoch keine weitere Bezeichnung, es sei denn «Joven» oder «Cosecha 19..», was bisweilen auch weggelassen wird. Diese Weine kommen traditionell im Jahr nach der Ernte auf den Markt und sind nicht im Holzfass gelagert.

Wenn sich im Frühjahr nach der Ernte der Wein etwas klärt, die Trubstoffe auf den Boden des Fasses abgesunken sind, entscheidet der Kellermeister endgültig, welche Weine sofort für den alsbaldigen Verzehr auf die Flasche gezogen werden und welche für höherwertige Weine reserviert bleiben. Diese jungen (spanisch: joven), frisch gefüllten Weine aus der neuesten Ernte (spanisch: cosecha) schenken die Wirte in Bars aus und sie stehen auf dem Mittags- und Abendtisch in den spanischen Familien.

Ein wenig unterscheiden muss man dennoch, denn «joven» ist nicht gleich «joven».

Den üblichen Jungwein, den wir in Mitteleuropa für wenig Geld kaufen können, produzieren meist größere bis riesige Bodegas, die neben eigener Ernte große Mengen Trauben und Wein zukaufen. Meist handelt es sich um einfachen Verschnitt aus Weinen

Kellerarbeiter im Innern eines Lagertanks. Auch für einfache Weine ist Sauberkeit im Keller erstes Gebot.

verschiedener Lagen, der oft als Markenwein jedes Jahr konstanten Geschmack haben soll.

Ganz anders die Weine der sogenannten «Cosecheros». Diese kleinen Familienbetriebe ernten ihre eigenen Trauben, haben jedoch nicht das Recht, Wein in Holzfässern auszubauen. Also füllen sie ihn direkt auf Flaschen. Diese oft robusten, konzentrierten Jungweine können beachtliche Qualität haben.

Schließlich gibt es noch die Jungweine mit etwas Holzlagerung. Einige Erzeuger lagern ihren Weine weniger als ein Jahr im Eichenfass oder in der Flasche. Er heißt dann «joven» weil ihm die notwendige Lagerzeit fehlt. Es ist ein wenig Mode geworden, solche «Semicrianzas» mit einigen Monaten Lagerzeit in recht jungen Fässern, die viel junges Eichenaroma abgeben, zu füllen. Andernorts würde man sie typische «Barriqueweine» nennen.

Die typischen Cosechero-Keller sind oft direkt beim Wohnhaus in einem kleinen Nebengebäude untergebracht.

Weintyp	★	🍷[1]	🍴[2]	🛢	⓪
Joven (Cosecha)	★ – ★★	der einfache Wein, den man in den Bars im Glas ausschenkt, oder ein Barriquewein mit weniger als einem Jahr Holzlagerung	passt zu einfachen Brotzeiten, Tapas und Eintöpfen, Barriquewein zu Schmorgerichten	1 – 3 Jahre mit Barrique 2 – 7 Jahre	❶ – ❸

[1] Trinkreife Jahrgänge: Seite 33; [2] ideale Speisen zum Wein: Seite 57

Crianza: Gut erzogene Weine

Typisch: Frucht und zimtige
Eichenwürze

Von Natur aus eher fruchtig-
weich und harmonisch, hat
der Wein in der Crianza etwas Frucht abgegeben und
ersetzt sie durch würzige,
häufig an Zimt erinnernde
Aromen. Frucht und Eichenwürze ergänzen sich nun.
Das Geschmacksgerüst wird
vielschichtiger. Gerbstoffe
und Säuren erhalten Präg-
nanz, er ist nicht mehr
mit einem Schluck zu er-
fassen und zu begreifen.

Der gute Crianza-Wein ist das eigentliche Herzstück
der Rioja. «Criar» bedeutet im Spanischen züchten und
erziehen zugleich. Crianza wird manchmal etwas hol-
perig als «Erziehung» des Weines übersetzt. Der Ge-
danke ist nicht schlecht. Wird doch der robuste, oft
ungebärdig-fruchtige junge Wein durch Lagerung in
kleinen, 220 bis 300 Liter fassenden Eichenfässern ab-
gerundet, geschliffen und durch feine Holzaromen er-
gänzt. Dieser Vorgang der Holzlagerung heißt ebenso
Crianza wie der Wein, der mindestens 12 Monate im
Holzfass lagert und nach weiteren 12 Monaten Flaschenlager verkauft werden darf.

Geschmacklich spielt das Alter der Eichenfässer eine
wichtige Rolle. Jüngere Fässer geben dominantere, oft
an Vanille erinnernde Aromen ab. Ältere Fässer be-
einflussen den Wein weniger stark. Für sie sind
Aromen von Zimt und Nelken nicht untypisch. Nach
der Faßlagerung werden die Weine auf Flaschen gefüllt. Es schließt sich nun eine je nach Qualitätsstufe
verschiedene, aber in der Mindestdauer vorgeschriebene Lagerzeit auf der Flasche an. Sie dient dazu, dem

Jeder Erzeuger ist stolz auf
seine Crianza, sein Fasslager
mit langen Reihen penibel
gepflegter Eichenbarriques.

Wein die Zeit zu geben, die er braucht, um fruchtige Aromen und Eichenwürze auszugleichen. Denn Wein «lebt»: verschiedene Komponenten findeen mit der Lagerdauer besser zueinander; sie «runden sich ab». Tempranillo, der den weitaus größten Teil eines Crianza-Weines stellen sollte, eignet sich hervorragend für den Fassausbau. Im dritten Jahr nach der Ernte auf den Markt gebracht, kann er problemlos mehrere Jahre lagern. Da fast die Hälfte aller Riojas mindestens ein Jahr lang im Eichenfass liegt, gibt es kaum eine Region in der Welt, in der man so viele riesige Fasslagerkeller bewundern kann.

Zur Fasserziehung des Weins gehört, dass er regelmäßig zwecks Belüftung umgepumpt wird.

Weintyp	★	🍷[1]	👄[2]	⚊	❶
Crianza	★★ – ★★★★	der klassische Wein mit Frucht und Würzaromen	zu Gegrilltem und fast allem Fleisch mit dunklen Saucen	3 – 8 Jahre	❷ – ❸

[1] Trinkreife Jahrgänge: Seite 33; [2] ideale Speisen zum Wein: Seite 57

Reserva und Gran Reserva:
Die großen Rotweine

Manchmal, wenn das Beste gerade gut genug ist, muss eine Flasche Reserva oder Gran Reserva her. In diese Weine der höchsten Qualitätsstufen legt der Kellermeister all sein Können. Er entscheidet sorgfältig, welche Jahrgänge sich überhaupt eignen, sucht die besten Weine aus und lässt ihnen viel Zeit. Reserva-Weine müssen mindestens ein Jahr Eichenfasslager aufweisen und dürfen frühestens 36 Monate nach der Ernte vermarktet werden. Gran Reservas müssen mindestens 24 Monate im Fass und 36 Monate in der Flasche lagern. Sie sind der Stolz jedes Kellermeisters. Dabei handelt es sich um Mindestvorschriften. Mancher Gran Reserva bleibt zehn Jahre und länger im Keller, bis er, trinkfertig gereift, freigegeben wird.

Die vorgeschriebene Flaschenlagerung erfordert erheblichen Platz mit gut temperierten, dunklen Räumen.

Im «Cementerio» (Friedhof) liegen noch einige Exemplare der besten Gran Reservas dieses Jahrhunderts.

Typisch Würzaromen, Schokolade und reife Frucht

Ein Rioja dieser Qualitätsstufe aus einem der besten Häuser kann sich mit jedem Wein der Welt messen. Er kann bereits getrunken werden, wenn er auf den Markt kommt. Doch meist entwickelt er sich noch jahrelang weiter. Große Riojas sind noch nach Jahrzehnten ein Genuss. Viele Kellereien dokumentieren dies, indem sie aus guten Jahrgängen eine bestimmte Flaschenzahl aufbewahren. «Cementerio», Friedhof, nennen sie diesen meist gut verschlossenen Raum. Zu besonderen Anlässen kredenzt man einen der wertvollen Tropfen. Wer dieses Vergnügen zu Hause haben möchte, muss frühzeitig Sammler werden.

Ein Strauß feinster Aromen betört die Nase: Gewürze, wunderbar duftender, feuchter Waldboden, Feigen, Schokolade – alles Gerüche, die von großer Reife zeugen. Im Mund zeigen die großen Riojaweine harmonische, fast zarte Eleganz. Sie sind erstaunlich leicht und unkompliziert zu trinken und doch so vielschichtig – weil sie die nötige Trinkreife haben. Die besten schmecken minutenlang nach.

Weintyp	★	🍷[1]	🥄[2]	🍴	ⓞ
Reserva und Gran Reserva	★★–★★★★★	vielschichtige Würzaromen und gereifte Frucht, körperreich	zu Gegrilltem, Hartkäse, Lamm, Innereien, sehr guter Schinken	5–40 Jahre	❸–❺

[1] Trinkreife Jahrgänge: Seite 33; [2] ideale Speisen zum Wein: Seite 57

Die fast vergessenen Weißen

Neben roten Rioja erzeugen die Kellereien meist auch weißen, der zur Hauptsache aus der Viurarebe bereitet wird. Immerhin rund 20 Prozent der Produktion sind Weißweine. Sie sind in Mitteleuropa weniger bekannt, wohl deshalb, weil sie weniger typische Geschmackseigenschaften aufweisen als die Rotweine, die man häufig schon am Geruch erkennen kann.

Der typische weiße Rioja ist heute ein junger, fruchtiger Wein, der im Stahltank kühl vergoren wurde und bald nach der Ernte getrunken wird. Weißer Rioja ist immer trocken (der ganze Traubenzucker wird zu Alkohol vergoren), doch nie sauer (der Säuregehalt ist erheblich niedriger als bei deutschen Weißweinen). Er duftet zart nach Apfel und anderen gelben Früchten. Als angenehmer Essensbegleiter ist er vielleicht zu Unrecht bei uns weniger bekannt.

Diese heutigen Weißweine existieren seit weniger als 20 Jahren. Früher ging man mit weißen Trauben kaum anders um als mit roten. Diesen schweren, oft durch Luftkontakt und Fassausbau geprägten traditionellen weißen Rioja findet man kaum noch.

Aus Garnache-Trauben können in der Rioja wundervoll duftige Rosé-Weine gekeltert werden.

Weiße Crianza

Die Tradition, auch Weißweine im Holzfass zu lagern, besteht in Rioja schon seit Jahrzehnten. Das System der Crianza, Reserva und Gran Reserva existiert auch dafür, nur mit kürzeren Lagerzeiten. Vielleicht sind diese Weine nicht mehr zeitgemäß, doch wunderbar können sie sein, wenn man ihnen ausreichend Flaschenreife lässt. Bodegas wie Murrieta, López Heredía oder Paternina haben wundervolle Weine dieses Stils, die gut und gerne 20 Jahre alt sein können. Neu dagegen ist der weiße «Barriquewein», ein im neuen

Eichenfass vergorener und gelagerter Weißwein im international modischen Stil.

Rund ein Fünftel aller Rioja-Weine sind weiß. Außerhalb Spaniens sind sie viel zu wenig bekannt.

Sommerwein: Rosado

Vor allem die Garnacharebe kann wundervoll erdbeer- und himbeerduftige Rosé-Weine bringen, wenn der Kellermeister es versteht, den Most rasch von den Schalen zu trennen und kühl zu gären. Im Sommer kühl getrunken, schmecken diese Weine kaum anders als die in Spanien berühmten Rosados aus der Nachbarregion Navarra. Ihr Anteil steigt und liegt bei knapp 10 Prozent der Produktion.

Weintyp	★	🍷[1]	👄[2]	🍴	❶
Joven weiß	★ – ★★	fruchtig-frisch, oft mit Apfelaroma	Meeresfrüchte, leichte Tapas	1 – 3 Jahre	❶ – ❷
Crianza und Reserva weiß	★★ – ★★★★★	gereifte Fruchtaromen, Vanillenoten, körperreich	feine Fischgerichte, helles Geflügel	5 – 30	❷ – ❺
Rosado	★	frischer, einfacher Sommerwein	sehr anpassungsfähig, nie ganz verkehrt	1 – 2 Jahre	❶ – ❷

[1] Trinkreife Jahrgänge: Seite 33; [2] ideale Speisen zum Wein: Seite 57

Tradition und Moderne

Jahrzehntelang war die Welt des Rioja nahezu unverändert. Ein paar Dutzend größere Bodegas verarbeiteten praktisch die gesamte Ernte. Der Konsument kannte seine Lieblingsmarke. Der Weinstil war fast überall ähnlich: fruchtbetonte Jungweine mit deutlichem Gout, lange im Holz gelagerte und oft ziegelrote Crianzas, Reservas und Gran Reservas, die sehr würzig dufteten und über die lange Lagerung nur wenig Frucht bewahrt hatten.

Mit der Öffnung Spaniens nach der Franco-Zeit feierte Rioja Exporterfolge. Die Wirtschaft kam in Gang. Besitzverhältnisse änderten sich. Es entstanden große Weinunternehmen wie AGE oder Campo Viejo, die zusammen mit anderen große Mengen Wein zu günstigen Konditionen anboten. Neue Bodegas wurden gegründet, frühere Traubenverkäufer füllten eigene Weine, fremdes Kapital sorgte für spektakuläre Neugründungen. Die Zahl der Flaschen füllenden Bodegas stieg von wenigen Dutzend auf weit über 400.

Mit der Öffnung kamen auch neue Trends. Einige Bodegas profilierten sich mit fruchtbetonten Riojas, die mit temperaturkontrollierter Gärung, längerem Maischekontakt zur Farbintensivierung und kürzerem Holzlager in neueren Fässern erzeugt waren. Dieser modernere Stil hat sich heute weitgehend durchgesetzt, doch gibt es noch einige angesehene Häuser, die ganz nach alter Art arbeiten.

Der berühmte Turm der Bodega López de Heredía in Haro. Wie sie gehören auch La Rioja Alta, Bodegas Riojanas oder CVNE zu den hervorragenden, traditionell geführten Erzeugern.

Eine zweite Welle der Modernisierung begann zu Beginn der Neunzigerjahre. Sie war aus Qualitätsgründen notwendig, denn starke Kommerzialisierung hatte Kritik an der Rioja laut werden lassen. Andere spanische Weinbaugebiete machten den satt gewordenen Riojanern, die viel einfache Einheitsware produzierten, den Platz als beste Rotweinregion streitig.

Jetzt entstanden neuere, kleinere Projekte, die auf ausgesuchten Weinbergen, mit alten oder bestens selektionierten Reben und einer «modernisierten Traditionstechnik» Spitzenweine erzeugen. Mit dem herausragenden Jahrgang 1994 haben einige dieser Erzeuger besonders massiv auf sich aufmerksam gemacht. Während nun einerseits wenige Großunternehmen über die Hälfte einer Ernte zu in der Regel annehmbaren aber schlichten Supermarktweinen verarbeiten, haben kleine Erzeuger und einige mittlere Traditionshäuser das Potential der besten Weinberge wieder zum Leben erweckt. So hat Rioja für jeden Geschmack und Geldbeutel den passenden Wein.

Nicht nur das Gebäude von Ijalba ist modern. Die Weine der Bodega sind ebenfalls im modernen Stil ausgebaut, ebenso wie die ausgezeichneten Weine von Roda, Remelluri, Artadi oder Marquéz de Vargas.

Die kulinarischen Hochzeiten

Kulinarisch profitiert die Rioja von ihrer wechselvollen Geschichte. Wer hierherkam, brachte Rezepte, Gewürze, Erfahrungen aus anderen Ländern mit. In einer Weinlandschaft, wo die Menschen sowieso kulinarisch verwöhnt sind, merkt man sich die besten Ideen und lässt sie in eigene Kreationen einfließen.

Heute bestehen in der Rioja mindestens zwei Küchentraditonen, die baskische und die kastilische, deren wichtigste Spezialitäten wir auf den folgenden Seiten vorstellen. Ob baskisch oder kastilisch – die Menschen in der Rioja haben es leicht mit der Versorgung: Was sie zum Kochen brauchen, wächst ganz in der Nähe.

Die Rioja Baja beispielsweise lebt nicht nur vom Wein, sondern bringt alle erdenklichen Obst- und Gemüsesorten hervor. In den Bergen, auf Höhenlagen, die sich für den Weinbau nicht eignen, hält man Ziegen und Schafe. Kühe weiden auf Bergwiesen und am Ebro. Wild wird in den Bergen gejagt. Das Meer ist nicht weit und hat vor allem die baskische Küchentradition nachhaltig geprägt.

Doch wollen wir nicht vergessen, dass ein guter Wein keineswegs nur in der Region selbst oder zu regionalen Gerichten schmeckt. Die kulinarische Welt ist abwechslungsreich und tolerant genug, um Exotisches und Europäisches, Deutsches und Spanisches lustvoll zu vermählen. Die Weine der Rioja vertragen praktisch alle Kombinationen und sie sind viel zu gut, um sie nur zu spanischen Spezialitäten zu genießen. Unsere Empfehlungen auf den folgenden Seiten enthalten deshalb bewußt nicht nur regionale Gerichte.

Gefüllte Paprikaschoten.

Bild links:
Stolz präsentiert dieser Hobbykoch seinen Stockfisch nach Fuhrmannsart (Bacalao Ajo Arriero).

Von Zicklein, Fischen und Eintöpfen

Man würde in Kastilien nicht gerne hören, wenn einer sagt, die Basken hätten der Rioja-Küche die feinen Sachen beigesteuert und die Kastilier die handfesten, ländlichen Genüsse. Falsch ist es jedoch nicht, denn die Küche im Inneren Spaniens ist zweifellos derber, kräftiger, schwerer und fettreicher.

Gerichte der Rioja: Bohneneintopf mit Chorizo (oben); Kabeljau/Stockfisch (unten).

Im Baskenland gehört es zum guten Ton, dass ein Mann sich in einem privaten Kochclub engagiert. Entsprechend anspruchsvoll isst man dort nicht nur in den vielen sehr guten Restaurants, sondern auch in den eigenen vier Wänden. Feine Fischgerichte und Meeresfrüchte, Innereien, Saucen wie die Pil-Pil oder die Salsa verde und Pasteten gehören ebenso dazu wie Wachtel (Codorniz), Rebhuhn (Perdiz) oder die wunderbaren mit Kabeljaupaste gefüllten Paprikaschoten (Pimientos rellenos) mit roter Paprikasauce. Kabeljau (Bacalao) und Seehecht (Merluz) sind die Alltagsfische, von denen unzählige Variationen für Abwechslung sorgen.

In ganz Kastilien gibt es Zubereitungen verschiedener Basisprodukte «a la riojana». Das bedeutet eine Art Gemüsesud aus Tomaten, gekochtem, rotem Paprika, Knoblauch, Olivenöl und süßem Paprikapulver. Eine Mischung, die geradezu nach einem jungen, fruchtbetonten, saftigen «Joven» ruft. Die in ganz Kastilien verbreitete «Morcilla», eine Blutwurst mit Reis statt Speckstücken, soll nirgends so gut schmecken wie in Burgos, etwas südlich der Rioja.

Wer das Glück hat, beim Winzer zu «Cabrito» (Zicklein) oder «Lechazo» (Milchlamm) eingeladen zu werden, kann vielleicht beobachten, dass auch das abgeschnittene Rebenholz sinnvoll verwendet wird: typisch ist hier die traditionelle Zubereitung über frischer Rebholzglut.

Ländlichen Ursprungs und häufig aus der notgedrungenen Verwendung all dessen entstanden, was gerade vorhanden war, ist die große Zahl von Eintöpfen. Meist sind Fleisch und Paprikawurst (Chorizo) darin enthalten. Sehr typisch ist der Bohneneintopf mit Wachteln (Pochas con codornizes), wobei die Pochas, große, weiche, weiße Bohnen, eine Spezialität für sich sind. Wer nach den sättigenden Mahlzeiten noch Lust auf Süßes hat, sollte vielleicht das Bardelejo aus Arnedo, eine Art Mandelgebäck, oder das bekannte Marzipan aus Soto versuchen.

Ein königliche Vermählung: Lammkarree mit einer reifen Rioja Gran Reserva.

Welche Weine zu welchen Speisen?

Weintypen	Weine
junge Weißweine	weißer Joven aus den beiden jüngsten Jahrgängen
weißer Crianza	gereifter Weißwein aus Holzlagerung, mindestens 5 Jahre alt
Rosado	Roséwein aus den beiden jüngsten Jahrgängen
roter «Joven» ohne Holzlagerung	Rotwein aus den beiden jüngsten Jahrgängen ohne Holzlagerung
roter «Joven» mit Barriquelagerung	Rotwein ohne Crianzabezeichnung, formal Joven, aber mit Lagerung in neueren Eichenfässern
roter Crianza und Reserva (modern, fruchtbetont)	diesen Weintyp erkennt man leicht am intensiven Dunkelrot und am intensiv fruchtigen und weniger würzigen Aroma
traditionell ausgebauter roter Rioja	kann Crianza, Reserva oder jüngerer Gran Reserva sein, jedoch mit ziegelroten Farbrändern und häufig mit Aromen von Vanille und Zimt
Gran Reserva und alter Rioja	Weine, die mindestens 8 Jahre alt sind, ziegelrot, mit Aromen wie Zimt, feuchte Humuserde, Schokolade oder Pflaumenmus

Zur Wahl der Jahrgänge: siehe Trinkreife-Tabelle Seite 33.

Landestypische Speisen	Generelle Gerichte
Gambas al Ajillo (Garnelen mit Knoblauch), gefüllte Paprikaschoten	Gerichte mit gekochtem und gebratenem Fisch mit feinen Saucen und Meeresfrüchten, Eierspeisen und Teigwaren
frischer Ziegenkäse, gefüllte Oliven	gegrillter Fisch, helles Geflügelfleisch, auch Fischgerichte mit kräftigen Saucen
beliebt zu allen Grillgerichten und zu frittierten Gemüsen, Fischen und Meeresfrüchten	als Verlegenheitslösung, denn Rosado ist anpassungsfähig und nie ganz verkehrt
Landestypische Speisen: zu Tapas im Stehen in den Bars, kräftige Eintöpfe wie Bohneneintopf mit Wachteln, Morcilla	zu kräftigen Brotzeiten, Wurst; Grillwürsten und deftigen Gerichten aus Schweine- oder Hammelfleisch
gefüllte Paprikaschoten, Geflügelzubereitungen mit kräftigen Saucen	Rinderfilet, Teigwaren mit kräftigem, tomatigem Sud, alle geschmorten Gerichte
gegrilltes Lamm- Rind- und Schweinefleisch, Zicklein, darüber hinaus sehr anpassungsfähig	anpassungsfähig, bei dunklem Fleisch und dunklen Saucen meist passend
feine Reisgerichte mit Geflügel; kräftig gewürzte Saucen, Hartkäse , Geflügel mit dunklem Fleisch (Ente, Fasan, Wachtel),	Kalbsbraten; helle Fleischsaucen mit kräftigem Sahne- oder Butteranteil, Teigwaren
feiner Hartkäse, Lamm, Innereien, sehr guter Schinken (Jabuco)	fein gearbeitete Lamm- und Wildgerichte (Reh, Hirsch, Wildschwein) mit kräftigen Saucen

Die schönsten Güter, die besten Weine

In der Rioja gibt es rund 450 selbst kelternde Weingüter, die jährlich etwa 13000 Weine vermarkten. Allein im deutschsprachigen Raum dürften einige Tausend Riojas aller Typen und in allen Preislagen angeboten werden. Alle in diesem Guide aufgelisteten Güter erachten wir als zuverlässig und deren Weine als empfehlenswert.

Die Sterne führen zu den qualifizierten Gütern. Meist wird eine Bandbreite der offerierten Qualitäten angegeben. ★–★★★★★ bedeutet, dass dieses Gut vom ehrlichen Alltagswein bis zum Weltklassewein alles erzeugt. Die Preiskategorien der einzelnen Weine sind mit den bereits bekannten Münzsymbolen ❶–❺ vermerkt. Was das an Geld bedeutet, sehen Sie auf Seite 29. Alle Weine samt Seitenhinweis finden sich auch im Index auf Seite 79.

Der Weinratgeber, der ständig aktuell bleibt
Natürlich ändert sich das Angebot ständig, die Qualität der Weine von Jahrgang zu Jahrgang. Um stets aktuell zu bleiben, bedient sich die Vinoteca des Internets. Dort steht eine Website zur Verfügung, die vom internationalen Weinmagazin Vinum unterhalten wird. Sie finden dort Resultate und Kommentare der neusten Verkostungen: www.vinoteca.falken.de.

Gutschein für aktuelle Weinlisten
Wenn Ihnen das Netz der Netze noch ein Buch mit sieben Siegeln ist, so profitieren Sie vom Gutschein, der diesem Band beiliegt. Damit können Sie direkt bei Vinum kostenlos das aktuellste Verzeichnis mit den Benotungen der toskanischen Weine anfordern.

RIOJA

Ein zahlenmäßig großer Teil der Erzeuger, die «Cosecheros», dürfen nur jungen Wein auf Flaschen ziehen. Die weitaus größte Menge aller Riojas wird von den rund 170 meist größeren Bodegas mit «Crianza» gefüllt, von Erzeugern, die auch Wein in Fässern altern lassen und somit höherwertige Weine erzeugen dürfen. Alle bekannten und wohl die meisten exportierten Marken stammen aus solchen Häusern.

AGE ★–★★
Bodegas Unidas AGE, Fuenmayor.
Der ungewöhnliche Name besteht aus den Anfangsbuchstaben dreier Bodegas, die 1967 zusammengeschlossen wurden. Heute ist AGE mit einer Jahresproduktion von fast 40 Millionen Flaschen und einem Lager mit über 34 000 Eichenbarriques einer der größten Vermarkter der Region. Seit der Getränkekonzern Bodegas y Bebidas 1995 den früheren Konkurrenten seines eigenen Riojahauses Campo Viejo übernommen hat, verarbeiten die beiden Riesen gemeinsam etwa ein Drittel jeder Riojaernte. Bekannteste unter den vielen Marken des Hauses ist der qualitativ zuverlässige «Siglo Saco» ❷, von dem jährlich sechs Millionen Flaschen per Hand in die berühmten Jutesäckchen eingepackt werden. Beste Weine sind die Gran Reservas «Marqués del Romeral» ❹ und «Azpilicueta» ❹. Weitere Rotweine: Siglo ❶, Siglo Saco Crianza ❷, Siglo Reserva ❸, Siglo Gran Reserva ❸.

Alavesas ★–★★
Bodegas Alavesas, Laguardia.
Die Familie Alonso gründete 1970 diese recht große Bodega und besitzt sie noch heute. Vor etwa zehn Jahren hat man die Produktion von Jungweinen aufgegeben, sodass inzwischen viel Kapazität leersteht. Alavesas produziert heute etwa zwei Millionen Flaschen jährlich und besitzt 90 Hektar eigene Weinberge,

alle in der Rioja Alavesa. Der Weinstil ist traditionell mit einer sehr weichen, reifen Würznote. Es gibt zwei Qualitäten, die einfachen Marken «Señorio de Berbete» ❶ und «Castillo de Bodala» ❶ und die Hauptmarke «Solar de Samaniego» ❷ – ❸.

Artadi ★–★★★★★
Cosecheros Alaveses – Artadi, Laguardia.

Im Jahr 1985 entstanden aus einer kleinen Kooperative von 13 Mitgliedern, hat die Bodega bis 1992 nur einfache Jungweine erzeugt. Dann jedoch nutzte Weinmacher und Miteigentümer Juan Carlos López de Lacalle die gute Qualität der 70 Hektar eigener Weinberge und begann, höherwertige Weine zu produzieren. Der Qualitätserfolg ist beeindruckend. Artadi gehörte rasch zu den neuen Stars der Region, vor allem die drei modern vinifizierten und in recht neuen Barriques aus französischer Eiche gelagerten, aber aus alten, hochgelegenen Alavesanlagen erzeugten Spitzenweine «El Pisón» ❺ und «Pagos Viejos» (94er ❺). Bisher bester Wein ist der mächtige und beerenfruchtige 1994er «Especial Grandes Añadas» ❺. Juan Carlos war einer der ersten Önologen der Rioja, der beste Lagen getrennt ausbaute. Neben den Spitzenweinen gibt es einen guten, eichenvergorenen Weißwein, den sehr guten Crianza «Viñas de Gain» ❸ und einfachere Rotweine, teilweise aus zugekauften Trauben. Die Produktion beträgt mittlerweile eine Million Flaschen jährlich.

Baron de Ley ★★★
Bodegas Baron de Ley, Mendavía.
Das 1985 gegründete Weingut hat 1990 seine ersten Weine vorgestellt. Es ist eines der Güter, das im «Châteaustil» ausschließlich mit Trauben aus eigenen Weinbergen arbeitet. Die Bedingungen dafür sind vorhanden: 100 Hektar Tempranillo mit etwas Cabernet-Sauvignon bei

Mandavía im zur Region Navarra gehörenden Teil der Rioja, ein wunderschön restauriertes Klostergebäude aus dem 16. Jahrhundert und modernste Kellereieinrichtung, dazu 6500 Barriques aus amerikanischer und französischer Eiche. Die Weine, ausschließlich Reservas ❸ oder Gran Reservas ❹, sind weich und leicht trinkbar und gehören zu guten Mittelklasse der Region.

Berberana ★–★★
Bodegas Berberana, Cenicero.

Die 1877 in Ollauri gegründete Kellerei gehört heute zu den Riesen des Anbaugebietes. Fast 30 Millionen Flaschen verlassen jährlich die 30 000 Barriques beherbergenden Keller. Jede siebte Riojaflasche trägt eines der Berberana-Etiketten. Sechs Kooperativen liefern dazu den Wein. Die Produktpalette ist breit. Eine einfache Marke des Hauses heißt «Carta de Plata» ❶, eine bessere «Carta de Oro» ❶. Seit einigen Jahren besteht eine Kooperation mit dem Marquès de Griñon ❷ – ❹, unter dessen Namen die besten Berberana-Weine auf den Markt kommen. Auch die Riojabodega Lagunilla gehört zu Berberana.
Weitere Weine: Berberana Gran Reserva (je nach Jahrgang) ❸-❹.

Bilbaínas ★–★★★
Bodegas Bilbaínas, Haro.
Seit 1997 gehört die 1901 gegründete Kellerei zum katalonischen Schaumweinriesen Codorníu, der nun umgerechnet 12 Mio. DM investieren will, um die etwas vernachlässigte Kellerei wieder zu altem Glanz zu führen. Bekannt ist Bilbaínas nicht nur für seinen Rioja aus 260 Hektar eigenen Weinbergen, sondern auch für seinen Schaumwein, von dem schon vor der Übernahme durch Codorníu 400 000 Flaschen jährlich erzeugt wurden. Die Riojas gehören zu

den sehr traditionellen Weinen der Region, auch der lange Zeit beste Wein des Hauses, der «Viña Pomal» Gran Reserva ❹ oder der weiße Crianza «Viña Paceta» ❸. 1994 kam mit dem angesehenen Kellermeister José Hidalgo neuer Schwung und ein modern vinifizierter, fruchtbetonter Reserva «La Vicalanda» ❹, mit dem die Bodega ebenso wie mit dem traditionellen 94er Pomal ganz neue, qualitativ sehr hochinteressante Wege geht. Weitere Weine sind Ederra Crianza ❷ und Viña Zaco Reserva ❸.

Bodegas de la Marquesa ★–★★★
Bodegas de la Marquesa, Villabuena.
Die Bodega hat schon eine lange Tradition und trug trotz altem Familienbesitz schon mehrere Namen. Mit Juan Pablo de Simon, einem früheren Bankdirektor, begann eine neue Ära. Seit er das Weingut der Familie übernommen hat, verbessert und kontinuierlich die Qualität seiner Marke «Valserrano». Er baut nur holzgereifte Weine aus seinen eigenen 40 Hektar Weinbergen aus. Neben einem Weißwein ❷, einem Crianza ❷, Reserva ❸ und Gran Reserva ❹ gibt es eine Reserva Especial ❹ sowie einen sortenreinen Graciano ❹.

Bretón ★–★★★★★
Bodegas Bretón, Logroño.

Die Mitte der 80er Jahre gegründete Bodega besitzt 106 Hektar eigener Weinberge, die für etwa zwei Drittel der erzeugten rund 1 Mio. Flaschen Wein Trauben liefern. Die restlichen Trauben werden zugekauft. Bretón ist eine der neueren, kellertechnisch sehr modernen, qualitativ sehr guten Bodegas, die aber nicht mit der Tradition brechen und einen klassisch-würzigen Rioja erzeugen, gelagert in amerikanischer Eiche. Der großartige «Dominio de Conte» ❹ aus der gleichnamigen knapp 22 Hektar (Tempranillo und 2,5 ha Graciano) großen und nachtkühlen Einzellage am Ebro ist vielleicht die gelungenste Verknüpfung von Tradition und Moderne in einem Klassewein. Dunkles Rot und elegantes Fruchtaroma verbinden sich hier mit geschliffenen Vanille- und Röstaromen. Die anderen, durchweg überdurchschnittlichen Weine des Gutes kommen unter der Marke «Loriñon» auf den Markt. Dazu gehören neben einer kleinen Menge rotem Joven (nur für den spanischen Markt) und den lange im Eichenfaß gelagerten roten Crianza ❷ und Reserva ❸ auch drei Weißweine: ein Joven ❷, ein barriquevergorener Weißer ❸ und ein traditioneller weißer Crianza ❷.

Campillo ★ – ★★★
Bodegas Campillo, Laguardia.

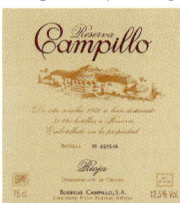

Den schönsten Blick auf die moderne, palastartige Kellerei hat man von der Stadtmauer von Laguardia. Die Eigentümer der Faustino-Gruppe, die Familie Martínez, haben sich 1990 mit Campillo wohl den Traum eines kleineren Weingutes erfüllt, um hochwertige Weine zu erzeugen. Inzwischen ist die Nachfrage jedoch so groß, dass 1,5 Mio. Flaschen jährlich produziert werden und die eigenen 50 Hektar Weinberge nur noch für einen Teil der Produktion reichen. Campillo-Weine bestehen zu 100 Prozent aus Tempranillo, sie sind geschmeidig und aromatisch und trotz moderner Kellertechnik mit zimtiger Würze durchaus klassisch. Die besten Weine sind reifwürzige Gran Reserva ❹ und der an dunkle rote Früchte und Rosinen erinnernde «Reserva Especial» ❹. Weitere Weine: Crianza ❷, Reserva ❸, rosado ❶ und ein im Barrique vergorener Weißwein ❸.

Campo Viejo ★ – ★★
Bodegas Campo Viejo, Logroño.

Die 1968 gegründete Bodega ist mit über 40 Millionen Flaschen jährlicher Produktion und einem Lagerkeller mit über 40 000 Eichenbarricas der größte Produzent der Region. Campo Viejo gehört ebenso wie AGE zum Getränkekonzern Bodegas und Bebidas, der mit diesen beiden Riesen jede dritte Riojaflasche vermarktet. Der rote Campo Viejo ❶ ist ein einfacher und preiswerter Rioja und mit über 20 Millionen Flaschen eine der bekanntesten Konsummarken Spaniens. Im Export werden nur Weine von mindestens Crianza-Qualität vermarktet. Der beste Weine des Hauses, der Gran Reserva »Marqués de Villamagna« ❹, genießt hohes Ansehen und ist ein Beweis dafür, dass auch große Häuser Spitzenweine erzeugen können. Weitere Marken des Hauses sind «Viña Alcorta» aus reinem Tempranillo sowie die tankausgebaute Serie «Albor» ❶.

Contino ★★★
Bodegas Contino, Laserna.

Die kleine, wunderschön gelegene und in einem alten Gebäude untergebrachte Bodega gehört zur Hälfte den CVNE-Eigentümern. Sie war bei ihrer Gründung 1973 das erste châteauähnliche Projekt in der Rioja: ein 62 Hektar großer Weinberg in einer Flussbiegung des Ebro, direkt beim Weingut gelegen, liefert ausschließlich die Trauben für die Contino-Weine ❸ – ❹, die immer mindestens Reserva-Qualität haben. Die Qualität des legendären 82er Weines wurde später leider nie mehr erreicht. Zu Beginn der 90er Jahre wurden die Weine leider etwas konturlos. Contino produziert seit einigen Jahren einen der wenigen sortenreinen Graciano-Rotweine der Region.

Corral ★–★★
Bodegas Corral, Navarrete.

Corral liegt als einzige größere Riojakellerei direkt an der alten Pilgerstraße nach Santiago de Compostela (Jakobsweg). Dies ist der Grund, warum die Bodega unter anderem die Marke «Don Jacobo» verwendet. Gegründet wurde sie im Jahr 1898. 1974 erweitert und modernisiert, befindet sie sich heute in dritter Generation in Familienbesitz. Zur Bodega gehören 40 Hektar eigener Rebfläche, die etwa ein Viertel der verarbeiteten Trauben liefern. Die Weine mit Holzreifung liegen in fast 7000 Fässern aus amerikanischer, jugoslawischer und französischer Eiche. Das Weingut gehört zur guten Rioja-Mittelklasse mit fruchtigen und nicht zu holzbetonten Weinen. Bester Wein des Hauses ist der Gran Reserva der Marke «Corral» ❹. Weitere Weine sind roter Crianza ❷, Reserva ❷–❸ und ein Weißwein der Marke «Don Jacobo» ❶.

CVNE ★–★★★
Compañía Vinícola del Norte de España, Haro.

Seit über 100 Jahren befindet sich die 1879 gegründete Firma in Familienbesitz. Die Geschäftsführer und Miteigentümer, Luis Vallejo Chalbaud und José Madrazo, bezeichnen sich als «größte unter den kleinen Bodegas», gehören jedoch mit 540 Hektar zu den großen Weinbergsbesitzern und in jedem Fall zu den großen und qualitativ sehr guten Traditionalisten der Region. Bei einer Gesamtproduktion von etwa 7 Mio. Flaschen liegt der Weißweinanteil mit fast einem Drittel ungewöhnlich hoch. 26 000 Eichenbarriques zeigen die Betonung auf Holzreife und große Qualität. Alle Weine reifen neben der vorgeschriebenen Zeit im kleinen Eichenfaß außerdem längere Zeit in großen Holzfässern. Ein 1990 in Betrieb genommener neuer Gärkeller mit 138 Behältern à 20 000 Liter war revolutionär für ganz Spanien. Erstmals konnten einzelne Traubenpartien durch ein spezielles Verteilungssystem bereits während der Ernte selektioniert werden. Neben dem beliebten und immer ordentlichen «Cune Crianza» ❷ erzeugt das Weingut einen «Cune Reserva» ❸, Rosé- und Weißweine sowie zwei berühmte und Rioja-Versionen, den etwas helleren und runden «Viña Real» (Crianza ❸, Reserva ❸ aus der Rioja Alavesa und den dunklen, kräftigen und extrem langlebigen «Imperial» (Gran Reserva ❹) – der 1948er war 1990 noch großartig. Außerdem gibt es den jungen, fruchtigen und in Spanien sehr beliebten Weißwein «Monopole» und neuerdings eine Barriqueversion davon. Die Weine aller Qualitätsstufen wurden in den letzten Jahren etwas glatter und konturloser, wenngleich sie durchweg überdurchschnittlich blieben.

Domecq ★–★★★
Bodegas Domecq, Elciego.

Der große Sherryerzeuger gründete 1973 die Rioja-Bodega, die inzwischen mit über 600 Hektar einer der größten Weinbergsbesitzer des Gebietes ist. 20 000 Eichenbarriques liegen in den ausgedehnten Kellern. Domecq arbeitete als eine der ersten Bodegas in der Rioja mit Drahtziehung und gehört auch in der Kellertechnik zu den modernen Häusern. Die Weine haben außer dem Weißwein mindestens Crianza-Qualität und tragen den Markennamen «Marqués de Arienzo» ❷-❸. Der Gran Reserva genießt hohes Ansehen.

Faustino ★ – ★★★★

Bodegas Faustino Martínez, Oyón.

Das 1861 gegründete Weingut befindet sich noch heute in Familienbesitz und ist eine der fünf größten Kellereien der Region. Die 500 Hektar eigener Weinberge reichen nicht, um die Nachfrage zu decken. Faustino, dessen gefrostete Flaschen mit traditioneller Ausstattung Rioja in der Welt bekannt gemacht haben, erzeugt zwar einen Joven mit zehn Monate Eichenholzlager, wurde jedoch bekannt mit seiner Reserva Faustino V ❷ und dem Gran Reserva Faustino I ❸, einem der besten, in jedem Jahrgang großartigen Klassiker unter den Riojas. Er zeigt die Stärken der großen, traditionellen Gran Reservas: reife, fein gealterte Würzaromen in der Nase und lebendige Frische mit spürbarer Säure im Mund, obwohl in der Kellertechnik mit langen Maischestandzeiten durchaus nicht nur traditionell gearbeitet wird. Faustino ist größter Exporteur von Reserva und Gran Reserva. Weitere Weine sind ein fruchtiger und ein barriquevergorener Weißwein, ein Rosado und zwei Cavas.

Franco Españolas ★

Bodegas Franco Españolas, Logroño.

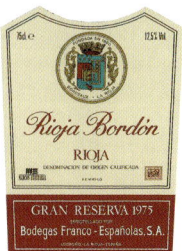

Im Juli 1990 feierte die traditionsreiche Bodega ihr hundertjähriges Bestehen. Sie gehört heute Marcos Eguizabal, dem gleichen Eigentümer wie die Bodegas LAN und Paternina und produziert etwa 5 Mio. Flaschen jährlich. Bis in die 80er Jahre war Franco Españolas einer der großen alten Namen der Rioja. Der Stern ist mittlerweile verblasst, der Stil immer noch klassisch: große Holzgärbottiche sind noch im Ein-

satz. Die Marke «Bordon» ❷ – ❸ ist die beste des Hauses. Weitere Marken: «Viña Soledad», «Diamante» ❶, «Royal».

Ijalba ★ – ★★

Bodegas Ijalba, Logroño.

Diese erst vor wenigen Jahren gegründete Bodega wurde durch das Interesse ihres Önologen für alte riojanische Rebsorten bekannt. So war Ijalba der erste Erzeuger eines sortenreinen Graciano ❷. Die anderen Riojas, Crianza ❸, Reserva ❸ und Gran Reserva sind von seriöser Qualität bei moderner Vinifikation und hohem Anteil recht neuer französischer Eiche.

La Rioja Alta ★★ – ★★★★★

La Rioja Alta, Haro.

Die traditionsreiche, 1890 gegründete und zweifellos zu den besten der Region zählende Bodega gehört zu den traditionellen Häusern. 300 Hektar eigene Weinberge erbringen 50 Prozent des Bedarfs. Auf lange Holz- und Flaschenreife wird großer Wert gelegt. Selbst der einfachste Wein, der Viña Alberdi Crianza ❷, liegt zwei Jahre in Eichenfässern und zwei Jahre auf der Flasche, bevor er freigegeben wird. Der Gran Reserva 904 ❹ bleibt in der Regel neun, der Gran Reserva 890 ❺ sogar 15 Jahre im Haus. So erklärt sich, dass trotz der relativ kleinen Jahresproduktion von 1,6 Mio. Flaschen 30 000 Eichenbarriques benötigt werden. Über 80 Prozent der Weine sind Reservas oder Gran Reservas. Die besten, der «Gran Reserva 904» ❹ und der nur in sehr guten Jahrgängen erzeugte, immer grandiose und schon im Aroma unglaublich komplex gereifte «Gran Reserva 890» ❺, werden von kaum einem Wein Spaniens übertroffen. Weitere Marken: «Viña Arana» ❷ und mit über 50 Prozent Absatzanteil der Reserva «Viña Ardanza» ❸. Der traditionelle weiße Reserva «Viña Ardanza» ❸ gehört zu den besten seiner Art.

Luis Cañas ★ – ★★
Bodegas Luis Cañas; Villabuena.
Diese Familienbodega, die 1970 den ersten Wein auf Flasche brachte, hat sich in den letzten zehn Jahren enorm entwickelt, äußerlich sichtbar an der beachtlichen neuen Kellerei, die 1995 in Betrieb genommen wurde und nun mehr als eine Million Flaschen produziert. Seitdem sind die Weine modern-fruchtig, haben aber den klassischen Schuss Zimtwürze behalten. Crianza ❷, Reserva ❸, Gran Reserva ❹.

López de Heredía ★ – ★★★
Bodegas López de Heredía Viña Tondonía, Haro.

Diese Bodega, mit dem Gründungsjahr 1877 eine der ältesten, ging nach dem Tod des legendären Besitzer Rafael (er starb 1985 95-jährig und wohnte bis zu seinem Tod in dem berühmten Turm über dem Gärkeller) und Julio César López de Heredía, mit der jungen, sympathischen Maria López de Heredía in die vierte Familiengeneration über. Die Jahresproduktion beträgt etwas mehr als eine Million Flaschen, etwa zur Hälfte aus den eigenen 170 Hektar Weinbergen. Die Bodega wird auch heute noch traditionell und konservativ in jeder Hinsicht geführt. Die ganze Bodega erscheint wie ein riesiges Museum mit eigener Küferei, wo nicht nur neue Fässer hergestellt, sondern alte repariert werden, und mit einem fantastischen Lager- und Verkostungskeller für alte Jahrgänge. Auch die Kellertechnik (für die eigenen Trauben, die gekauften für die einfacheren Weine gären inzwischen modern) ist höchst traditionell – vergoren wird ohne Kühlgeräte in riesigen Eichen-Gärbottichen – und weitgehend Handarbeit, sowohl bei der Weiß- wie auch der Rotweinerzeugung. Die Gran Reserva ❺ wird noch heute per Hand und ohne jede Filtration aus dem Fass auf die Flasche gezogen. Die ziegelroten, filigranen Rotweine aus den Lagen «Tondonía», «Cubillo» oder «Bosconía» gehören zu den traditionellsten Riojas, erfordern jedoch wegen ihrer manchmal durch lange Lagerung gezehrten Art etwas Einfühlungsvermögen in den Stil des Hauses. Die Reserva-Weißweine wie der sechs Jahre holzgereifte «Viña Tondonía» ❸ können wunderbar altern. Der 64er ist legendär und noch heute großartig.

Marqués de Murrieta ★ – ★★★★
Bodegas Marquès de Murrieta, Logroño.

Dieses berühmte Weingut ist zugleich eines der ältesten der Rioja. Es entstand 1850 und hat immer qualitativ an der Spitze des Gebietes gestanden. In den 90er Jahren hat nach der Übernahme des Gutes durch den Grafen von Creixell leider eine Kommerzialisierung eingesetzt, die auf Kosten der Qualität ging und nur bedauert werden kann. Murrieta stellt nur Weine her, die mindestens Reserva-Qualität haben. Auf 300 Hektar stehen 80 Prozent rote und 20 Prozent weiße Trauben. Die Gesamtproduktion von 1,8 Millionen Flaschen geht zu 50 Prozent in den Export. Die Weine lagern teilweise jahrzehntelang im Fass, bevor sie auf die Flasche kommen. Nicht nur die Roten, auch die traditionell im Holz ausgebauten Weißweine gehörten praktisch seit der Gründung des Weingutes bis vor wenigen Jahren zu den besten Spaniens. Der traditionell beste Wein des Hauses, «Castillo Ygay» ❸ – ❺, kam früher oft erst über 15 Jahre nach der Ernte auf den Markt. Der 1970er ❺, derzeit am Markt, ist großartig. Daneben hat man begonnen, eine jüngere «Castillo Ygay»-Linie ❸ zu vermarkten, die nicht an frühere Qualitäten herankommt. Außerdem gibt es einige relativ jung vermarktete Weine wie der «Reserva Especial» ❸ sowie den mit hohem Anspruch aus sehr reifem Lesegut gewonnenen und stilfremd-modern vinifizierten «Dalmau» ❺, der erst Ende 1998 erstmals auf den Markt kam, schließlich einen weißen und einen roten «Colección 2100».

Marqués de Riscal ★★ – ★★★★
Viños de los Herederos del Marqués de Riscal, Elciego.

Es gibt viele Möglichkeiten festzustellen, dass sich hinter diesem ehrwürdigen Haus in Elciego eines der Monumente der Rioja verbirgt. Schon die ungewöhnliche Ausstattung der Flaschen deutet darauf hin. Wer je im Schatzkeller die 400 000 Flaschen alter Jahrgänge bis in den Anfang dieses Jahrhunderts gesehen und einige davon verkostet hat, wird ebenfalls eine Ahnung von der großen Tradition haben, die in diesen Flaschen steckt. Oder man wälzt Geschichtsbücher und findet heraus, dass es sich um eine der beiden ältesten Bodegas der Rioja überhaupt handelt. Camilo Hurtado de Amézaga, Marqués de Riscal, gründete sie im Jahr 1860, als er aus dem Exil in Bordeaux zurückkehrte. Der berühmte Jean Pineau, damals Kellermeister bei Château Lanessan, beeinflusste den Stil dieser Anfangsjahre und so mag es gekommen sein, dass Riscal bis heute das Sonderrecht genießt, Cabernet-Sauvignon in seiner Coupage zu verwenden, weil es hier der Tradition entspricht. Auf 210 Hektar Rebfläche erzeugt Riscal heute etwa 20 Prozent der verarbeiteten Trauben, aus denen jährlich rund 4 Mio. Flaschen Wein entstehen – ausschließlich der Qualitäten Reserva und Gran Reserva. Zur wechselvollen Geschichte des Hauses gehört auch ein Qualitätstief zu Beginn der 80er Jahre, dem seit etwa 10 Jahren mit erheblichen Investitionen begegnet wurde. Unter anderem wurden viele der 25 000 Fässer ausgetauscht. Seitdem hat Riscal auch qualitativ wieder an die Tradition angeknüpft,

unter anderem mit der neuen Topmarke des Hauses «Barón de Chirel» ❺, die von vielen Seiten her überschwängliches Lob erntet. Der Wein aus 25% Tempranillo, 35% Graciano und 40% Cabernet-Sauvignon wird im traditionellen Stil 30 Monate lang in gebrauchten Barriques ausgebaut. Die anderen Weine, der Reserva ❸ und der Gran Reserva ❹, bestehen aus mindestens 85% Tempranillo. Außerdem gibt es einen Rosado.

Marqués de Vargas ★★★ – ★★★★
Bodegas y Viñedos del Marqués de Vargas, Logroño.
Die wohlhabende Familie de la Mata, die den Adelstitel «Marqués de Vargas» trägt, konzentriert ihre Aktivitäten in der Rioja seit wenigen Jahren ganz auf die Finca Pradolagar, in der das neu gegründete Weingut untergebracht ist. Für 60 Hektar eigener Weinberge entstand eine großzügige, hochmoderne Kellerei. Ausgebaut werden nur Reservaweine, die besten Trauben der Lage El Consul ergeben eine Reserva Privada ❺, einen dunklen, nach dunklem Fruchtkompott riechenden Kraftprotz. Er reift 20 Monate lang in russischer Eiche. Die «normale» Reserva ❸ bleibt 15 Monate in Eichenfässern verschiedener Herkunft und ist ebenfalls sehr holzbetont, aber mit zimtigen Würzaromen riojatypischer.

Martínez Bujanda ★ – ★★★★
Bodegas Martínez Bujanda, Oyón.

Der graue, von außen eher unscheinbare Bau im Industriegebiet von Oyón hat es in sich: Martínez Bujanda galt mit Inbetriebnahme des Neubaus im Jahr 1984 als technisch modernste Bodega Spaniens. Regelmäßige Investitionen machten es möglich, die Position unter den modernsten Kellereien zu halten. Noch heute sind die Bujandas führend im Einsatz neuester Technik und gelten als Leitfigur der Modernisierer der Region, die damit begannen, den traditionellen Riojastil von der Eichenwürze weg und zur Fruchtigkeit hin zu führen. Der «Conde de Valdemar» ❷ ist früh trinkbar, rund, beerenfruchtig, zurückhaltend im zimtigen Eichenaroma. Er entsteht aus 80 Prozent Tempranillo, 15 Prozent Mazuelo und etwas Garnacha. Der relativ hohe Anteil Mazuelo, für den sich die Bujandas besonders engagieren, soll vor allem den Gran Reservas besseres Alterungspotential verleihen. Wegbereitend waren Jesús und Carlos Martínez Bujanda auch in der Weiterentwicklung von Rosados und weißen Barriqueweinen sowie im Ausbau von Cabernet-Sauvignon (seit 1985 im Verkauf) und eines modernen, reinsortigen und hochwertigen Garnacha. Die besten Weine des Hauses, der zu 50 Prozent aus Cabernet-Sauvignon bestehende Gran Reserva «Vendimia Selecionada» (Garnacha ❹) und der tiefdunkle «Finca Valpiedra» ❹ gehören zu den besten Riojas überhaupt.

Die Bujandas besitzen über 300 Hektar Weinberge in Rioja Alta, Alavesa und Baja, verarbeiten 2,5 Millionen Kilogramm Trauben ausschließlich aus eigenem Lesegut und bauen nach Gärung im Stahltank (weißer Barriquewein im Fass) in 13 500 Eichenbarriques ihre Weine aus.

Montecillo ★ – ★★★
Bodegas Montecillo, Fuenmayor.

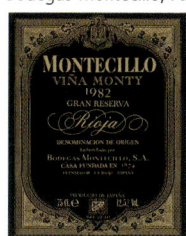

Das zur Osborne-Gruppe gehörende Unternehmen gehört mit seiner Crianza «Viña Cumbrero» ❷ immer zu den besten Weinen seiner Qualitätsstufe. Auch die Gran Reserva «Montecillo» ❺, ein reinsortiger Tempranillo, ist fein, erreicht aber nie die Spitze des Gebietes. Die Weine sind traditionell in gebrauchten Eichenbarriques ausgebaut, wobei allerdings fast ausschließlich französische Eiche verwendet wird.

Der Gran Reserva «Viña Monty» ❹ liegt 30 Monate, der Gran Reserva «Montecillo» 48 Monate im Holz. Die Gesamterzeugung liegt bei 3 Mio. Flaschen. Die Bodega besitzt keine eigenen Weinberge.

Muga ★ – ★★★
Bodegas Muga, Haro.

Eine der lange Zeit äußerst traditionellen, konservativen Bodegas. Noch immer wird in den alten, riesigen Holzbottichen vergärt, die für die Rioja typisch waren. Die eher schlanke, filigrane Art der Weine ist inzwischen – man geht halt doch mit der Zeit – ein wenig mit Frucht und Körper gepolstert worden. Der «Prado Enea» als Gran Reserva ❺ ist einer der bekanntesten Qualitätsriojas. Er reift 12 Monate im großen Holzfass, drei Jahre im Barrique und drei Jahre auf der Flasche. Der moderner vinifizierte neue Topwein «Torre Muga» ❺ liegt kürzere Zeit in Eiche, dafür aber eineinhalb Jahre in neuen Barriques. Weitere Weine: Weißwein, Rosado ❶, Crianza ❷, Reserva ❸ – ❺, Gran Reserva ❸ – ❹. Muga erzeugt auch Cava.

Palacio ★ – ★★★
Bodegas Palacio, Laguardia.

Als die Bodegas Palacio 1994 ihren hundertjährigen Geburtstag feierten, war der Nachthimmel über dem mittelalterlichen Riojastädtchen Laguardia von einem Feuerwerk erleuchtet. In den Weinbergen spielte ein Bachorchester. Dem Gründer, Don Cosme Palacio, sind inzwischen die modernen Weine des Hauses gewidmet. Die Marke Cosme Palacio y Hermanos steht für einen weißen Barriquewein und einen Rioja, der in recht neuen französischen Eichenfässern ausgebaut wurde. Es ist hochinteressant, die beiden Riojastile des Hauses zu vergleichen, denn die Marke «Glorioso» (Crianza ❷ Reserva ❸) wird aus vergleichbarem Lesegut in traditionellem Stil mit älteren Fässern ausgebaut. Während der Cosme Palacio ❷ mit geschliffen runder Art und leicht süßlichem Aroma und feinen Tanninen eher eine schlanke Struktur aufweist, betont Glorioso die kirschige Tempranillofrucht mit Gewürzaromen und markanten Tanninen. Eine dritte Version, «El Portico», ausgebaut in neuer amerikanischer Eiche, zeigt kräftige pflaumige Aromen und in der Jugend recht harsche Tannine. Das Weingut, das 1987 vom Getränkemulti Seagram in Privatbesitz überging, erzeugt ohne eigenen Weinbergsbesitz mit rund 7000 Fässern rund 2 Mio Flaschen Wein jährlich, darunter seit einigen Jahren auch den recht erfolgreichen Rotwein «Milflores» im Nouveau-Stil. Palacio verwendet für Rotwein ausschließlich Tempranillo- und für Weißwein ausschließlich Viuratrauben. Das Weingut liegt direkt unterhalb des sehenswerten Städtchens. Es besteht die Möglichkeit, bei Besuchen der Kellerei im kleinen, angegliederten Hotel zu übernachten.

Paternina ★ – ★★★
Federico Paternina, Haro.

Die 1898 gegründete Bodega ist heute eine der größten in der Rioja und gehört mit den Schwesterfirmen Franco Españolas und LAN zu den größten Hauptexporteuren von in die Bundesrepublik. Bekannteste Marke ist die ordentliche Supermarktqualität «Banda Azul» ❶.

Moderne und traditionelle Weißweinerzeugung werden hier nebeneinander praktiziert. Fast 40 000 Barriques aus amerikanischer Eiche lagern in einem der größten Fasskeller Europas, aus dem durchaus beachtliche Weine wie der beste des Hauses, der im traditionellen Rioja-Stil produzierte und sechs Jahre in Eiche gelagerte, ausgezeichnete Gran Reserva «Conde de los Andes» ❺ oder der sehr gute weiße Reserva ❸. Weitere Weine: «Viña Vial» Reserva ❷, Federico Paternina Gran Reserva ❸, «Banda Dorada» (Weiß) ❷ und andere. Sehenswert (bei Voranmeldung) ist das alte Stammhaus der Paterninas in Ollauri, wo eine riesige Kollektion großartiger alter Weine lagert. Sie beweisen, dass Paternina einmal zu den allerbesten Häusern der Region zählte.

Remelluri ★★ – ★★★
Granja Nuestra Deñora de Remelluri, Labastida.

Der Baske Jaime Rodriguez hat ein altes Bauernhaus in den Bergen der Alavesa renoviert, Kelleranlagen gebaut. Heute erzeugt sein Sohn Telmo von um das Haus und bis zu 800 Meter hoch gelegenen 80 Hektar recht kalkiger Weinberge rund 350 000 Flaschen Rioja, die zu vor in 4000 meist französischen Eichenholzfässern lagern. Die Ausbauart ist stark von französischen Einflüssen geprägt. Die Lagerzeit wird in der Regel auf die kürzeste vorgeschriebene Zeit begrenzt, dafür sind die Fässer recht neu. Der samtig-fruchtige Stil der 80er Jahre wurde bei den jüngeren Spitzenweinen durch viel Tannin und verschlossene Frucht abgelöst, deren Entwicklung man nur erahnen kann. Bester Wein des Hauses ist der Gran Reserva ❺. Auch der Reserva ❸ ist beachtenswert.

Remírez de Ganuza ★★★

Bodegas Fernando Remírez de Ganuza,
Samaniego.

Der Eigentümer war Wurstfabrikant, bevor er
sich auf Weinbergsimmobilien verlegte und
schließlich 1989 die alte Hacienda de los Herederos de Raimundo Santiago mit 60 Hektar
Weinbergen kaufte und ein ehrgeiziges Wein-
gutprojekt einleitete. Die ersten beiden Weine
waren ihm nicht gut genug. Er verkaufte sie als
Fasswein. Den 1994er füllte er als Reserva ❺
ab – ein in seiner Schlankheit recht typischer
Alavesa-Rioja mit deutlicher Holznote. Künftig
soll es zwei Weine geben, die aus dem obern
(der Schulter, seiner Meinung nach der bessere
Teil) und dem unteren Teil seiner Trauben entstehen. Dazu müssen alle Trauben am Selektions-
tisch in der Mitte durchgeschnitten werden.

Riojanas ★−★★★★

Bodegas Riojanas, Cenicero.

Diese Kellerei ist und
bleibt eine der besten
Bastionen des traditio-
nellen Rioja, auch
nachdem vor einigen
Jahren die Keller
und die Gäranlagen
modernisiert wurden.
Nun sind die ausge-
dehnten, mehrstöckigen
Keller besser durchlüf-
tet und die Arbeit mit
den Barriques kann
maschinell vonstatten
gehen. 1990 feierte
die Bodega ihr 100-
jähriges Bestehen. Die Aktienmehrheit befindet

sich immer noch im Besitz der gleichen Familie
Artacho, die auch über 200 Hektar Weinberge
verfügt. Im Keller liegen an die 20 000 Eichenbarriques, die durchschnittlich 10 Jahre lang
benutzt werden. Die Gesamtproduktion erreicht
etwa 2 Millionen Liter jährlich. 60 Prozent der
Trauben stammen aus eigenen Weinbergen.

Klassisch wie das gotisch-schloßähnliche Haupt-
gebäude inmitten des Dörfchens Cenicero ist
auch der Stil der beiden Marken, die den sehr
guten Ruf des Hauses begründet haben: Viña
Albina ist der elegantere Typ, Monte Real der
kräftigere mit mehr Tannin und Alkohol. Beide
gehören in den Qualitätsstufen Reserva ❸ und
Gran Reserva ❹ immer zum besten, was in der
Region zu finden ist, obwohl die Bodega stets
etwas im Schatten bekannterer Namen stand.
Vor allem alte Monte Reals – als Einzelflaschen
in der Bodega noch aus den 60er Jahren erhältlich – können ein großartiges Trinkvergnügen
sein. Wie sich die Umstellung der Gärtechnik
von Holz auf Stahl seit 1990 auf das Alterungspotential auswirkt, wird man allerdings erst im
nächsten Jahrtausend feststellen können.
Marken für einfachere Weine sind «Puerta
Vieja» ❷ und «Canchales».

Roda ★★−★★★★★

Bodegas Roda, Haro.

Unter den an Neugründungen nicht armen Region taten sich in den vergangenen zehn Jahren
nur wenige mit exklusiver Qualität hervor. Roda,
1991 von einem katalanischen Weinhändlerehe-
paar gegründet, ist sicher der spektakulärste
Fall. Alt sind nur ein Teil der Weinberge und der
gepachtete Kellertunnel in Haro. Neu ist neben
dem kleinen Weingut selbst die Herangehens-
weise in vielerlei Hinsicht.

Ziel ist, aus hochgelegenen Grenzlagen im
westlichsten Teil der Rioja möglichst extraktrei-
che Weine zu erzeugen. Da die eigenen An-
lagen noch nicht alt genug sind, kauft man zu
Höchstpreisen beste Trauben von über 50-jähri-
gen Reben. Im neu gebauten Keller stehen
neue, hölzerne Gärbottiche im traditionellen Stil
– allerdings mit einer Möglichkeit der Tempera-
turkontrolle. Sie fassen 12 000 bis 20 000 Liter.
Alle Mikroklimata werden getrennt vergoren,
die Partien zweiter Qualität fließen in den
Zweitwein «Roda ❸» (93er 3, 95er ❹). Alle
Weine liegen mindestens zwei Jahre lang in
maximal drei Jahre alten Barriques aus französi-

scher Eiche. Daraus entstehen jährlich 250 000 Flaschen des modernen, sehr internationalen, aber herausragend guten Weines «Roda I» (94er ❺).

Señorio de San Vicente ★★★ – ★★★★
Das 18 Hektar große Weingut ist ein Chateau-Projekt der Bodegas Sierra Cantabria und eine der Neugründungen der letzten Jahre, die beweisen, dass Rioja moderne Weltklasseweine von großer Persönlichkeit erzeugen kann. Schon der erste Wein, ein 1991er Reserva, wurde in Spanien außerordentlich gelobt. Der 1994er ❺ ist sehr überzeugend: modern-fruchtig mit geschliffenem Bukett, 20 Monate lang in weitgehend amerikanischer Eiche ausgebaut, mächtig und dennoch filigran. Lange Maischestandzeit (15 Tage Gärung, danach weitere 20 Tage) und Durchführung der Mallolaktik im Barrique sind Besonderheiten der Kellertechnik. Der recht steile, südwestgeneigte Weinberg über dem Ebro wurde 1985 mit dem kleinbeerigen Peludo-Klon der Tempranillorebe bepflanzt.

Union de Cosecheros ★ – ★★
Union de Cosecheros de Labastida sc.coop., Labastida.
Diese wohl beste Kooperative der Region wurde 1965 gegründet. Auf 500 Hektar eigener Weinberge wachsen die Trauben für die jährliche Produktion von 3 Mio. Flaschen. Die meisten Weine sind recht einfache Jungweine. Die höherwertigen Weine können jedoch beachtlich gut sein. Die Alterung der Crianza ❸ – ❹, Reserva ❷ und Gran Reserva-Weine ❸ erfolgt in 1500 Eichenfässern. Marken: Montebuena, Solagüen.

Union Vitivinicola ★ – ★★
Union Vitivinicola – Marqués de Caceres, Cenicero.

Der vor dem Faschismus geflüchtete Sohn eines Weinhändlers aus Valancia, Henri Forner, kaufte 1964 das Chateau Camensac und gründete 1970 mit Beratung von Emile Peynaud die Union Vitivinicola. Die Kellerei besitzt keine eigenen Weinberge, nimmt aber bei ihren Vertragswinzern Einfluss auf Anbau und Ernte. Sie wurde damals in kurzer Zeit eine der bekanntesten modernen Bodegas der Rioja und gehörte in den siebziger Jahren mit Martínez Bujanda und anderen zur ersten Neuerungswelle in der Region, bei der lange Fasslagerzeiten verkürzt, Fruchtnoten gefördert und vor allem ein moderner Weißweinstil entwickelt wurde. Die Hauptmarke heißt «Marqués de Caceres». Der Gran Reserva ist ein seriöser, leicht trinkbarer und sehr geschliffener Wein. Bei den einfacheren Weinen überzeugt das gute Preis-Leistungsverhältnis. Weine: blanco ❶, blanco barrique ❷, rosado ❶, Crianza ❷, Reserva ❸, Gran Reserva ❹.

Die Vinoteca-Empfehlungen

Hier sind einige Beispiele von Weinen durch alle Preislagen und Kategorien, die sich durch zuverlässige Qualität und Preiswertigkeit auszeichnen. Sie werden alle in größeren Mengen erzeugt, sodass die Chancen gut stehen, sie im Handel (Bezugsquellen S. 78) zu finden. Für Verfügbarkeit und Preisangaben kann allerdings keine Garantie übernommen werden. Die Qualität kann je nach Jahrgang leicht schwanken, die Preise können je nach Verkaufsort variieren.

Weinname	Weincharakter	Qualität	Preise	Lagerfähigkeit	Beispiele zum Essen
Joven, Marqués de Caceres (Seite 70)	weiß, trocken, modern-fruchtig	★	❷	im 1. u. 2. Jahr nach der Ernte trinken	Meeresfrüchte, auf der Terasse
Crianza «Monte Real» Bodegas Riojanas (S. 69)	weiß, trocken, mit Birnen-/Vanillearoma	★★	❷	3–7 Jahre nach der Ernte trinken	weißes Geflügel mit hellen, kräftigen Saucen
Reserva blanco López de Heredía (Seite 65)	weiß, trocken, vielschichtiges Aroma, Wachsnote	★★★★	❸	sollten mindestens zehn Jahre alt sein	helles Geflügelfleisch mit kräftigen Saucen Kalbsfilet mit Pilzen
«Carta de Plata» Berberana (Seite 61)	rot, trocken; beliebter einfacher Markenwein	★	❶	im Jahr nach der Ernte trinken	Brotzeit, Eintöpfe
Crianza «Banda Azul» Paternina (Seite 68)	rot, trocken, typischer, preiswerter Crianza	★	❶	2–5 Jahre nach der Ernte trinken	zu kräftigen Fleisch- und Grillgerichten
Crianza «Conde de Valdemar», Martinez Bujanda (Seite 67)	rot, trocken, moderner, leicht verständlicher, fruchtiger Wein	★	❷	2–4 Jahre nach der Ernte trinken	zu kräftigen Fleisch- und Grillgerichten
Crianza «Viñas del Gain» Artadi (Seite 60)	rot, trocken, fruchtbetont, mit Barriquenote	★★	❷ – ❸	3–7 Jahre nach der Ernte trinken	kräftige Braten mit dunklen Saucen, Geschmortes
Reserva Contino (Seite 62)	rot, trocken, gehaltvoll, Aroma dunkle Früchte	★★★	❹	5–15 Jahre nach der Ernte trinken	Wild, Lamm
Roda I (Seite 69)	rot, trocken, bester moderner Barrique-Reserva	★★★★★	❺	5–10 Jahre nach der Ernte trinken	Schmorgerichte, Fleisch mit würzigen Saucen
Reserva «Dominio de Conte» Bretón (Seite 61)	rot, trocken, Einzellagen-Reserva, moderne Klassik	★★★★★	❺	8–15 Jahre nach der Ernte trinken	Wild, Lamm und anderes Fleisch mit dunklen Saucen
«890» Gran Reserva La Rioja Alta (Seite 64)	rot, trocken, klassischer Rioja in Vollendung	★★★★★	❺	15–30 Jahre nach der Ernte trinken	Wild, Lamm, Innereien, feine, nicht zu salzige Hartkäse
«Castillo Ygay» Marqués de Murrieta (Seite 65)	rot, trocken, klassischer Rioja in Vollendung	★★★★★	❺	15–30 Jahre nach der Ernte trinken	Wild, Lamm, Innereien, feine, nicht zu salzige Hartkäse

Gut einkaufen

Was hilft alle Theorie, wenn man nicht genau weiß, wo man anfangen soll, wie viel Geld man braucht, wie man hinkommt und welche Telefonnummer man anrufen muss? Auf den folgenden Seiten geben wir einige Hinweise dazu.

Das liebe Geld oder:
Wo kaufen? Wieviel zahlen?
Das «wo kaufen?» ist von einer Vorraussetzung abhängig. Suchen Sie einen bestimmten Wein, dann müssen Sie die richtige Adresse finden. Ganz einfach: rufen Sie das Informationsbüro Rioja (siehe Seite 77) an und lassen Sie sich den entsprechenden Händler heraussuchen oder ein «Bezugsquellenverzeichnis» schicken. Dort finden Sie Angaben darüber, welcher Händler welchen Rioja führt.
Suchen Sie keinen bestimmten Wein, so müssen Sie entscheiden, wo Sie Ihren Rioja kaufen wollen. Generell jedoch können Sie im Supermarkt, im Kaufhaus, beim Fachhandel, bei Versendern oder sogar in der Region selbst einkaufen.
Wenn Sie in ein gutes Weinfachgeschäft gehen, müssen Sie vielleicht ein oder zwei Mark mehr zahlen, aber Sie bewegen sich fast immer auf der sicheren Seite. Denn hier werden Sie beraten, der Händler achtet darauf, ein gutes Sortiment zu haben, man wird Ihnen auch mal Tipps geben, wie der Wein zum geplanten Essen paßt. Womöglich kann man Ihnen sogar etwas zu einem Weingut sagen, das Sie in diesem Buch nicht gefunden haben.
Im Supermarkt sind Sie auf sich allein gestellt. Sie werden kaum jemanden finden, der kompetent über Riojaweine Auskunft geben kann. Schließlich wird es ja auch nur ein oder zwei Markenriojas geben. Wenn Sie natürlich einige Marken wiedererkennen (oder sich meine Bewertung gemerkt haben), können Sie Schnäppchen machen, denn oft stehen die Weine hier konkurrenzlos günstig. Vorsicht aber: hat sich auf dem Flaschenhals gehörig Staub angesammelt, könnte die Flasche schon sehr lange auf-

recht im warmen, hellen Regal stehen und der Wein nicht mehr im besten Zustand sein.
Die meisten Fachgeschäfte liefern auch Wein aus oder versenden ihn per Post. Es gibt aber auch spezialisierte Versender, die Ihnen gerne einen Katalog schicken. Wenn Sie nicht vorprobieren wollen und wissen, was in Ihren Keller soll, ist das eine bequeme Bezugsmöglichkeit, die nicht viel Aufwand erfordert.

IN SPANIEN SELBST

Reisen Sie mit dem Auto nach Spanien, macht es Ihnen vielleicht Vergnügen, im Fachgeschäft, im Kaufhaus «Corte Ingles» (in allen Großstädten vertreten, immer gutes Weinsortiment) oder in der Bodega vor Ort etwas Wein mitzunehmen. Wenn sie der Transport nicht allzusehr belastet, haben Sie in jedem der genannten Fälle einen Preisvorteil: Sie sparen die Transportkosten des deutschen Importeurs und seine Handelsspanne. Das macht meist etwa 35 Prozent aus.

Und nun zu der Frage, wieviel Geld angelegt werden sollte.
Was die beschriebenen Weine im deutschen Handel kosten, können Sie anhand der Münzsymbole erkennen. Doch Sie wollen wissen, was Sie anlegen sollten, wenn Sie eine bestimmte Qualität erwarten.
Fünf Mark. Jetzt haben Sie immerhin einen gewissen Betrag in dieses Buch investiert und Zeit aufgebracht, darin zu blättern und da und dort zu lesen. Nun wollen Sie Rioja in der Praxis kennenlernen? Dann bitte nicht mit einem Wein, der im Supermarkt für knapp fünf Mark im Regal steht. Für dieses Geld erhalten Sie womöglich einen trinkbaren, akzepteblen Roten, der ein einfaches Essen begleiten kann. In den meisten Fällen handelt es sich dabei jedoch um unpersönliche Massenweine, die kaum Einblicke in den Charakter eines guten Riojaweines zulassen. Manchmal haben diese Weine gewissen Eigenschaften der Region, in vielen Fällen jedoch nicht. Die wirkliche Rioja kennenlernen können Sie damit nicht.

Bis zehn Mark. Dafür finden Sie schon den einen oder anderen typischen Jungwein (Joven), wie man ihn in der Region selbst in den Schenken offen im Glas serviert. Im Supermarkt gibt es in dieser Preisklasse auch schon mal Crianzas, wobei es nicht die prestigeträchtigen Marken sein werden, aber ein anständiger Wein für jeden Tag dürfte schon dabei sein. Sie können auch davon ausgehen, dass typische Eigenschaften schon zu erkennen sein werden.

Bis zwanzig Mark. Das ist eine Kategorie mit einem großen Teil der kräftigen, sehr guten Jungweine und der guten Crianzas. Wer die Region kennenlernen will, liegt hier richtig. Ein Rioja Crianza überschreitet (zumindest bei den Anfang 1999 üblichen Preisen), wenn es sich nicht um einen sehr außergewöhnlichen Wein handelt, selten die 20-Mark-Grenze. Und ein guter Crianza ist in jedem Fall ein Wein, der schon recht viel über seine Herkunft und die Bodega erzählen kann.

Bis fünfzig Mark. Das ist nun, zugegebenermaßen, ein recht weites Spektrum. Doch je weiter man sich mit der Qualität in luftige Höhen schwingt, umso tiefer muss man eben in die Tasche greifen. Zwischen 20 und 50 Mark erhalten Sie schon gute bis ausgezeichnete Reservas und bereits viele Spitzenweine, die zu den besten der Region gehören. Es sind Weine, die nach der Freigabe durch die Bodega noch viele Jahre lagern können.

Über fünfzig Mark. Diese Preisklasse ist den großen, seltenen und von Liebhabern in aller Welt gesuchten Weinen vorbehalten. Sie werden nur in kleinen Mengen erzeugt und haben oft Kultstatus. Es sind die ganz großen Weine der Region, die sich mit den besten Rotweinen der Welt messen können. Wer erst anfängt, sich der Rioja zu nähern, sollte vielleicht nicht mit diesen sehr individuellen Weinpersönlichkeiten beginnen.

Und noch ein Hinweis: der Umkehrschluss gilt nicht. Nicht jeder sehr teure Wein ist automatisch Weltklasse …

FRAGEN AN DEN VERKÄUFER

Über die generellen Punkte der Weine, der Rioja, wie Qualitätsstufen und Weinzonen oder Jahrgänge, wissen Sie jetzt dank dieses Bandes bestens Bescheid. Was Sie erfragen sollten, sind Einzelheiten und Eigenheiten eines Produzenten und seiner Weine.

- Zu den Traubensorten: Welche sind zu welchen Anteilen in diesem Wein enthalten, sofern dies nicht auf dem Etikett steht?
- Was ist spezifisch für das Terroir des Betriebs, für Kulturform und die Pflanzdichte der Reben?
- Zum Faktor Umwelt: Wie wird produziert: traditionell, integriert (IP/umweltverträglich) oder biologisch?
- Zur Ernte: Wurden die Trauben handgelesen oder maschinell geerntet?
- Zur Weinbereitung: Lassen Sie sich über Maischezeit und Vergärung informieren.
- Zum Ausbau: Wie lange war der Wein im Tank, im Holzfass oder in der Barrique?
- Zum Produzenten: Wie groß ist der Betrieb? Wie alt ist er? Welches ist er Werdegang des Winzers, wer sind seine Berater (Önologen)?
- Zum Jahrgang: Gab es beim Erzeuger allfällige Besonderheiten in diesem Jahr?
- Zum Wein: Was sind die Charakteristiken und zu welchen Gerichten empfiehlt er sich?
- Zur Lagerfähigkeit: Wann ist die optimale Trinkreife erreicht. Wieviel Jahre kann er maximal gelagert werden?
- Wieviel Flaschen wurden von diesem Wein abgefüllt?
- Zu Auszeichnungen: Hat das Weingut oder der Wein irgendwelche Auszeichnungen erhalten oder Prämierungen gewonnen?

Detaillierte Informationen über den Einkauf von Wein finden Sie im Vinoteca-Band «Einkaufs-Guide Wein».

Klug einkellern: Rioja-Weine

Auf diesen Seiten vermitteln wir Ihnen einige Anregungen und Ratschläge für den Einkauf von Weinen aus der Rioja und den Aufbau eines kleinen Vorrats oder gar einer spanischen Abteilung in Ihrem Weinkeller.

Zur Einkaufsplanung

Am besten legen Sie sich einen Einkaufs- oder Einlagerungsplan zurecht. Anhand des kleinen Schemas unten können Sie dann Ihren Jahresbedarf an Flaschen und das erforderliche Budget abschätzen.

Kreuzen Sie bei jedem Punkt im Schema an, was für Sie zutrifft, und setzen Sie in der letzten Kolonne die über den Spalten genannten Punktzahlen ein:

	3	2	1	Punkte
Stellenwert der Rioja	hoch	mittel	gering	
Eigene Lagermöglichkeiten	Ideal	beschränkt	gering	
Weinkonsum pro Woche	mehr als 5 Fl.	bis 5 Flaschen	bis 2 Flaschen	
Total Punkte				

Aufgrund der Punktzahl haben wir Ihnen einige Vorschläge ausgearbeitet, die sie natürlich noch ganz nach Ihren eigenen Vorlieben und Bedürfnissen variieren können.

8–9 Punkte

Sie sind ein ausgesprochener Weinfreak und lieben die Rioja. Für Sie kommt nur das Beste in Frage. Richten Sie in Ihrem Weinkeller eine Ecke dafür ein und pflegen Sie diesen Vorrat. Mit gut 1000 DM müssen Sie dabei rechnen. Unser Einkaufsvorschlag:

Alltagsweine (Joven), zum baldigen Konsum	
36 Flaschen einfache Weine ▼▽▽	DM 360,–
Sonntagsweine, trinkreife:	
12 Flaschen Crianzas/Reservas ▼▽	DM 200,–
Lagerweine für große Gelegenheiten:	
12 Flaschen Reservas ▼▽	DM 300,–
6 Flaschen Gran Reservas ▼	DM 240,–
66 Flaschen total	DM 1100,–

5–7 Punkte

Sie haben viel übrig für die Weine aus der Rioja. Sie sollten einen schönen Querschnitt an Gewächsen im Vorrat haben. Rechnen Sie mit 400 bis 500 DM.

12 Alltagsweine ▼▽▽	DM 120,–
6 Sonntagsweine (trinkreif) ▼▽	DM 100,–
6 Lagerweine/Reservas ▼	DM 200,–
24 Flaschen total	DM 420,–

3–4 Punkte

Die Rioja ist für Sie ein Weingebiet unter vielen. Sie werden sich also einige schöne Flaschen bereit halten und wann immer Sie die Lust auf die Rioja überkommt, eine davon entkorken. Rechnen Sie mit einer Investition von gut 200 DM.

6 Flaschen Trinkweine (Joven) ▼▽	DM 60,–
3 Flaschen Sonntagsweine (Res.) ▼	DM 50,–
3 Flaschen Lagerweine (Reservas) ▼	DM 100,–
12 Flaschen total	DM 240,–

Richtig servieren: Weine der Rioja

Soll eine Flasche Wein alle ihre Vorteile ausspielen können, muss sie fachgerecht gepflegt, geöffnet und der Wein in passende Gläser ausgeschenkt werden. Dabei geht es um richtige Lagerung, Lagerdauer, optimale Trinktemperatur, Öffnungszeitpunkt und geeignetes Glas.

Den richtigen Ort der Lagerung kann sich nicht jeder beliebig aussuchen. Er wäre für alle Weine gleich: Ein etwas feuchter Keller, der das ganze Jahr über zwischen 12 und 17 Grad Temperatur hält und dunkel sowie gut durchlüftet ist, steht aber nicht jedermann zur Verfügung. Dies wäre jedenfalls das Optimum für den Wein (wenn auch nicht immer das Optimum für die Etiketten, die sich in feuchter Umgebung zersetzen). Man kann sich mit einem Weinklimaschrank behelfen. Wer die Mittel dafür nicht aufwenden will, kann sich den kühlsten Ort im Haus aussuchen und muss womöglich auf Weine verzichten, die sehr lange Lagerdauer erfordern. Vorteil bei Rioja: Die großen Weine kommen bereits gelagert auf den Markt.

Da wären wir beim zweiten Thema. Bei der notwendigen Lagerdauer unterscheidet sich Rioja von anderen Weinen. Die großen Roten sind, von wenigen modernen Barriqueweinen abgesehen, weitgehend trinkfertig, wenn sie auf den Markt kommen. Ein Crianza kann aber ohne Probleme noch drei Jahre liegen, ein Gran Reserva sicherlich zehn, in manchen Fällen noch länger. Weiße Riojas, wenn es sich nicht um die traditionellen Reservas handelt, sollten im Jahr nach der Ernte getrunken werden.

Die optimale Trinktemperatur ist bei Rioja nicht anders als bei anderen Weinen: Weißweine bei etwa 10–12 Grad Celsius, Rotweine bei 18–20 Grad – nicht wärmer.

Bei vielen Riojas ist, wie bei allen großen Weinen der Welt, wichtig, wie lange

Bei jahrzehntealten Gran Reservas sind die Korken oft spröde und lassen sich kaum mehr ziehen. Der Trick zum Öffnen der Flasche: Man drehe einen Eisendraht satt um den Flaschenhals, erhitze ihn über einer Kerze und halte ihn unter einen kalten Wasserstrahl. Der Hals springt ab, der Wein kann, wie im Bild sichtbar, ausgeschenkt werden.

vor dem Trinken der Wein geöffnet werden sollte. Alle einfachen Weine für weniger als 15 DM sollten Sie unmittelbar vor dem Trinken öffnen. Relativ junge Reservas und Gran Reservas brauchen meist etwa eine Stunde Luft, an besten in der Dekantierkaraffe. Bei alten Weinen ist keine generelle Aussage möglich und viel Erfahrung nötig. Wenn Sie Zweifel haben, öffnen Sie relativ kurz vor dem Trinken. Braucht der Wein noch Luft, wird er sich im Glas verbessern. Das richtige Glas beeinflusst das Trinkvergnügen mehr, als mancher erfahrene Weinkenner glauben will. Rioja gehört zu den relativ aromabetonten Rotweinen, deren Duftnote sich entwickeln muss. Ein großer, recht bauchiger Kelch wie beim Burgunder verhilft den Aromen am besten zur Entfaltung.

REISEN NACH UND IN DER RIOJA

In die Rioja gelangt man am einfachsten, wenn man in ein Flugzeug steigt, nach Bilbao fliegt und dort ein Auto mietet. Über die Autobahn gelangt man in einer guten Stunde ins Anbaugebiet. Man kann auch nach Madrid fliegen und von dort starten. Die Autoreise von Madrid aus dauert etwa drei Stunden.

Wollen Sie von Deutschland aus mit dem Auto anreisen, können Sie die Strecke über Paris-Bordeaux-San Sebastian-Vitoria wählen oder das Rhônetal hinab, über Montpellier-Perpignon-Barcelona-Saragossa das Ebro-Tal hinauf nach Logroño kommen. Beides ist nur mit Mühe in einem Tag zu schaffen. Die Rhône-Strecke ist nur vom äußersten Süden Deutschlands aus nicht wesentlich länger.

Ohne Auto muss man etwas mehr Zeit mitbringen, denn in der Region selbst ist das Reisen mit öffentlichen Verkehrsmitteln schwierig. Natürlich kommt man auch mit dem Zug in die größeren Orte und es findet sich ein Bus in die Dörfer. Berühmt ist schließlich der Bahnhof von Haro, nach Logroño die zweitgrößte Stadt der Region, denn hier siedelten sehr viele Bodegas an. Wer nach Haro mit dem Zug fährt, kann zu Fuß mehr als ein Dutzend bekannter Erzeuger erreichen.

Am schnellsten kommt man durch die Region, wenn man auf der Nationalstraße N 232 parallel zur Autobahn A 68 dem Ebrotal entlang fährt. Doch wer will schon schnell durch eine Weingegend fahren? Viel mehr Einblicke auf Weinberge und Landschaft und viele hübsche Dörfer sieht man auf der nördlichen Ebroseite, wenn man etwa die Strecke Labastida-Abalos-Laguardia-Assa-Oyon-Logroño fährt. Beides zusammen ergibt einen Rundweg, der an einem oder mehreren Tagen zu bewältigen ist.

Die Straßen sind gut. Manchmal liegt ein Erzeuger ein wenig versteckt, doch praktisch immer führt eine geteerte Straße zur Bodega, meist sind sie sogar innerhalb der Ortschaften gut

ausgeschildert. Die Versorgung mit Post, Banken, Ärzten, Krankenhäusern, Restaurants und Hotels bewegt sich auf mitteleuropäischem Niveau. Die gängigen Kreditkarten werden fast überall angenommen. Wenn Sie nicht weiterwissen, gehen Sie ins ayuntamiento (das Bürgermeisteramt), oder noch besser, in eine der Bars, die Sie in jedem Ort finden und die meist geöffnet sind.

Die Menschen sind sehr hilfsbereit, also ist dort immer jemand, der Ihnen gerne weiterhilft – notfalls mit ausladender Zeichensprache.

NÜTZLICHE ADRESSEN

Landesvorwahl Spanien: 0034

HOTELS

Calahorra: Marco Quintilano (***); Parque Era Alta, Tel. 941/130358,

Haro: Los Agustinos (****) San Agustín, 2; Tel. 941/311308, Stadtmitte, historische Bausubstanz, perfekt restauriert

Labastida: (Jatorena **); La Florida, 10; Tel. 941/331050; kleines, familiäres Hotel in der nordwestlichen Ecke der Region

Laguardia: Antigua Bodega de Don Cosme Palacio; Ctra. Elciego; Tel. 941/121195; historisches Gebäude aus em letzten Jahrhundert, das zur Bodega Palacio gehört, etwas außerhalb der Altstadt

Logroño: Carlton Rioja (****); Gran Via del Rey Don Juan Carlos I, 5; Tel. 941/242100 recht zentral gelegen; typisches Siebzigerjahre-Gebäude im Hochhausstil

Logroño: Melia Bracos (****); Bretón de los Herreros, 29; Tel. 941/226608; sehr zentral bei der Altstadt gelegen, dennoch ruhig

Logroño: Marqués de Vallejo (**); Marquès de Vallejo 8; Tel. 941/248333; nahe bei der Kathedrale im Einkaufsviertel, kleineres Stadthotel

San Millan de la Cogolla: Hosteria del Monasterio de San Millan (****) Monasterio de Yuso, Tel. 941/373277; kleines, aber sehr gut geführtes, am berühmten Kloster gelegenes Hotel mit einem regionaltypischen Restaurant

RESTAURANTS

Calahorra: «Taberna de la cuarta Esquina»; Cuatro Esquina, 16; Tel. 941/134355, bestes Restaurant im Osten der Region, mit guter Küche und guter Weinkarte

Haro: «Terete»; Lucretia Arana, 17; Tel. 941/310023, in ganz Nordspanien für seinen Zickleinbraten bekanntes, traditionelles Restaurant

Laguardia: «Marixa»: Sancho Abarca, 8; Tel. 941/600165; an der Stadtmauer gelegenes Restaurant mit sehr guter Weinkarte und hervorragender Regionalküche

Logroño: «Catchetero», Laurel 3; Tel. 941/228463, elegantes Restaurant mit finessenreicher regionaler Küche

Logroño: «Mesón Egües», Campa 3; Tel. 941/228603, hochwertige Grundprodukte, einfach aber gut zubereitet, gute Weinkarte

Logroño: «Avenida 21», Av. Portugal 21; Tel. 941/228602, regionale Küche, Einrichtung im Stil traditioneller Weinhäuser, gute Weinkarte

San Vicente de la Sonsierra: «Casa Toni», Zumalacárregui, 27; Tel. 941/334001; etwas abseits gelegenes Restaurant mit moderner Küche und moderner Präsentation; sehr gute Weinkarte

INFORMATIONEN IN DEUTSCHLAND

Informationsbüro Rioja
Solinger Straße 13
45481 Mülheim
Telefon 0208/4696-0 Telefax 4696-100

Spanisches Generalkonsulat
Handelsabteilung, Abt. Wein
Jägerhofstr. 30
40479 Düsseldorf
Telefon 0211/49366-0 Telefax 49366-35

Spanisches Fremdenverkehrsamt
Myliusstraße 14
60323 Frankfurt
Telefon 069/725033 Telefax 725313

WEININFORMATIONEN IN SPANIEN

Grupo de Criadores y Exportadores de Vinos de Rioja
Gran Via 7
26002 Logroño
Telefon 941/257555 Telefax 256058

ARBOR Agrupación de Artesanos Bodegueros de Rioja
Gran Via Juan Carlos, 43
26002 Logroño
Telefon 941/325304 Telefax 204052

ARAEX
Dato 38
01005 Vitoria
Telefon 945/141800 Telefax 143156

Consejo Regulador de la Denominación de Origen Rioja
Estambrera 52
26002 Logroño
Telefon 941/500400 Telefax 500672

INTERNET

http//www.rioja.net
Unter dieser Adresse sind eine Menge Links zu touristischen Tipps und zu Bodegas möglich.

IMPORTEURE UND HÄNDLER

Fast jeder Weinhändler führt Weine aus Rioja, sogar jedes Kaufhaus und jeder Supermarkt. Bei den hier aufgeführten Adressen finden Sie eine größere Anzahl Weine aus mehreren Bodegas. Wenn es sich um Generalimporteure handelt, die nur Großhandel betreiben, erhalten Sie in jedem Fall Adressen von Einzelhändlern, die kleinere Mengen abgeben.
Dies ist eine kleine Auswahl von Adressen. Selbstverständlich gibt es viele weitere Händler, bei denen sie gute Weine beziehen können.
* überregionale Anbieter oder Importeure

Anduronda Import GmbH *
Marktstraße 10, 50968 Köln
Tel. 0221/385087, Fax 0221/383801

Ardau Weinimport GmbH *
Langbourghstraße 6, 53842 Troisdorf
Tel. 02241/3931-0, Fax 02241/3931-80

Ars Gustandi
Hornenheidchenstraße 23, 47475 Kamp-Lintfort
Tel. 02842/42877, Fax 42876

Behrens Weinhandel
Erlenweg 3d, 65187 Wiesbaden
Tel. + Fax 0611/87318

Bodegas Rioja
Lennershofstr. 156, 44801 Bochum
Tel. 0234/9789567, Fax 9789568

Der Rioja-Weinspezialist
Akazienstraße 13, 10823 Berlin 62
Tel. 030/7822578, Fax 030/7881918

El Puente
Philippstr. 35, 90431 Nürnberg
Tel. 0911/3188408, Fax 3188837

Enoteca
Ludwigkirchstraße 11, 10719 Berlin
Tel. 030/88679960, Fax 30/88679961

HAWESKO *
Hamburger Straße 14–20, 25436 Tornesch bei Hamburg
Tel. 04122/504433, Fax 51068

Iberica Weine *
Eduard-Buchner-Str. 19, 85662 Hohenbrunn
Tel. 08102/7882-0, Fax 08102/71453

Kreuzer Weinhandlung
Voigtländerstraße 2, 90489 Nürnberg
Tel. 0911/538290, Fax 538290

La Cava, Spanischer Wein-Import
Sandweg 49, 60316 Frankfurt
Tel. 069/444407, Fax 437207

La Bodega Española
Ohmstraße 9, 73730 Esslingen
Tel. 0711/3169464, Fax 3169469

M.A.X. Weine *
Usedomstraße 42 A, 70439 Stuttgart
Tel. 0711/8266407, Fax 8266409

Moreno *
Ottostraße 20–22, 53332 Bornheim-Sechtem
Tel. 02227/9901-0, Fax 02227/990110

Mövenpick Weinland *
Bornkampsweg 2, 22761 Hamburg-Bahrenfeld
Tel. 040/891204, Fax 8991556

Spanischer Garten Import GmbH
Neumannstraße 2, Halle 27, 40235 Düsseldorf
Tel. 0211/232061-62, Fax 0211/236686

Spanisches Weinkontor
Schwarzwaldstraße 394, 79117 Freiburg
Tel. + Fax 0761-66963

VinEspa *
Hauptstraße 161–163, 41236 Mönchengladbach
Tel. 02166/924292, Fax 248303

Viniculture
Grolmannstraße 44–45, 10623 Berlin
Tel. 030/8838174, Fax 8823552

Vinos Barron – Feines aus Spanien
Gewerbering 1, 86922 Eresing
Tel. 08193/999713, Fax 999715

Weinimport Conrad *
Alte Heerstraße 120, 41564 Kaarst
Tel. 02131/769129, Fax 02131/769130

Weinkontor Freund *
Brüggenkamp 10, 33775 Versmold
Tel. 05423/9452-0, Fax 05423/945252

Im FALKEN Verlag sind zahlreiche Titel zum Thema «Wein»
erschienen. Sie finden sie überall dort, wo es Bücher gibt.

Sie finden uns im Internet:
www.falken.de und www.vinoteca.falken.de

ISBN 3 8068 7439 5

Umschlaggestaltung: Peter Udo Pinzer
Gestaltungskonzept: Peter Jaray, Zürich
Konzept: Dr. Gerhard Kebbel
Redaktion: Barbara Fleig
Lektorat: Thomas Wieke, Idstein
Herstellung: Daniel Moosberger, Oensingen
Umschlagfoto: Fotografie Friedemann Rink/Susa Kleeberg, Naurod
Fotos und Illustrationen im Innenteil:
Vinum, das internationale Weinmagazin; Heinz Hebeisen, Madrid

Litho und Satz: Offset-Satz AG, Zürich
Druck: Druckerei Uhl, Radolfzell

817 2635 4453 6271